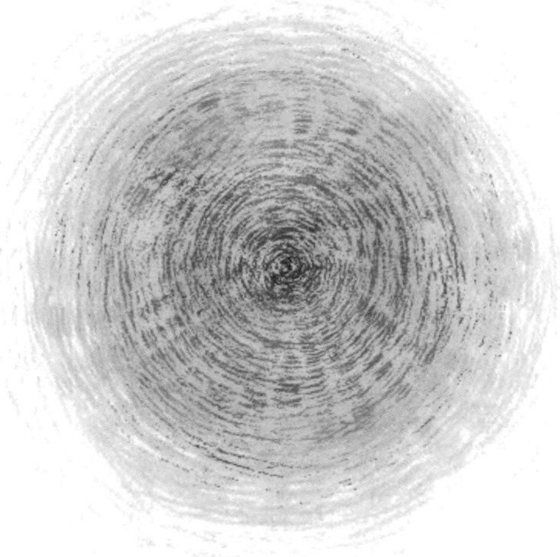

每日一句正能量

讓轉念成為照亮自己的光

陳辭修　著

目次

序

讓轉念成爲照亮自己的光

生活有時充盈著美好，有時卻會讓心靈變得粗糙。人生其實無比寬廣，很多時候，只是我們將自己困在思緒的死胡同裡。世界的突起和凹陷會讓大大小小的情緒慢慢累積，徬徨、疲倦或者無能爲力的時候，我們都需要一個契機與情緒和解，需要一個出口讓生命繼續。

因此這次在語錄的編排上，特別以人生中常面臨的幾個問題大致分類，提供讀者作爲觀照，並不是想爲生命的提問給出解答，而是希望成爲讀者心緒轉念的那一道閃光。

轉念常在一瞬之間，可能是友人不經意的一句話，書中偶然邂逅的一段文，或者只是目睹景物而觸發的靈感，轉念的契機總是因人而異，畢竟百萬人就有百萬種人生。

個人的幸福成就、歡喜悲愁，其實也完全取決於自己的心態。

此次《每日一句正能量》同樣收錄了三百六十五篇短文，你可以選擇用正能量開啓每一天。或者，當你心情起伏時，翻閱對應的分類語錄，可尋求一些撫慰、一些平靜，甚至發現讓你的人生完全轉變的一句話。

從開始推廣正能量到現在，不知不覺將要邁入第四個年頭，《每日一句正能量》也出到了第三輯。一路走來，眞心感謝讀者們的支持與回饋。期望各位能透過閱讀，交流彼此的善念，讓正能量的循環源源不絕地流向社會每個角落。

陳辭修　二〇一九年十二月

在做人做事的泥沼

讓轉念成為照亮自己的光

心是一杆秤，秤人先秤己

用自己的認知評論事物，事事都不完美。
用自己的心胸度人，人人都有不足。
眼是一把尺，量人先量己。
心是一杆秤，秤人先秤己。
挑人過錯，自己也有不完美。
責人短處，自身也有缺陷。
一味步步緊逼人，不會讓別人走上絕路，只會讓自己無路可退。
眼睛總盯人是非，不會讓人顏面盡失，而會讓自己顏面掃地。

人生在世，心態重要

人生，該說的要說、該啞的要啞，是一種聰明。
該幹的要幹、該退的要退，是一種睿智。
該顯的要顯、該藏的要藏，是一種境界。
做人低調，說話重要。做事低調，努力重要。
感情抓牢，緣分重要。生活平安，快樂重要。
時間溜走，意義重要。人生在世，心態重要。

大氣是一個人的氣質

有魅力的人有這兩種東西，一是有健全的人格，一是有深刻的思想。大氣是一個人的氣質，是一個人對社會、對生活態度的一種意識，是人性的自然流露，裝是裝不出來的。

讓人感覺厚重，像一本書無論從何種角度去看，都不感覺索然無味，一但讀起來讓人愛不擇手，受益非淺。

大氣就是你自己，把自己養好，養好你的大氣，對朋友忠誠、對父母孝順，時刻保持自己的人格和尊嚴。

教養是某種天生的素質，和一點一滴的積累

一個人的涵養，不在心平氣和時，而是心浮氣燥時。
一個人的理性，不在風平浪靜時，而是衆聲喧譁時。
一個人的慈悲，不在居高臨下時，而是人微言輕時。
情侶間的尊重，不是閒情逸致時，而是觀點相左時。
夫妻間的恩愛，不在花前月下時，而是大難臨頭時。

人不可有傲氣，但不可無傲骨

做人要有骨氣，有個性。
不能逆來順受，不能低三下四，
不能生活在別人的影子裡，
不能被別人牽著鼻子走。
當然也不可太傲，要隨和、大度、寬容，
於浩然正氣中，透出溫情敦厚、質樸無華。
要窮得像茶，苦中一縷清香，水越淡越清澈。
人，越淡越快樂。
淡然，使人簡單。

簡單，使人快樂。
心善，自然美麗。
心直，自然誠摯。
心慈，自然柔和。
心淨，自然莊嚴。

寧可坦蕩一輩子，也不算計一輩子

因爲人活著，比的不是誰高誰低，誰上誰下，誰有錢沒錢，
比的是睡能睡得舒坦，笑能笑得燦爛。
因爲人活著，就圖個心安理得，做人做事無愧吾心！
一個人的眞性情、眞感情永遠是最難得的限量版，
感恩所有的相遇、相知。
不要做用人朝前、不用人朝後的人。
不要愧對身邊對你好的人，
因爲我們下輩子不一定能遇見。

做人坦蕩眞性情，對情眞誠眞感情

有的人，喜歡直來直去，從不拐彎抹角，喜歡乾乾脆脆，從不扭扭捏捏。
總覺得勾心鬥角太複雜，一直用心說話。
總感覺八面玲瓏是圓滑，常常直面表達。
話到嘴邊就想說，事到眼前不耽擱。
許是本性難移，但坦然面對從不更改。
許是率眞而爲，但問心無愧絕不虛僞。
流言蜚語從無畏，事前事後都不悔。
做人坦坦蕩蕩，纔是眞性情。對情眞眞誠誠，纔是眞感情。

低調做人是一種智慧

山不解釋自己的高度，並不影響它的聳立雲端。
海不解釋自己的深度，並不影響它容納百川。
地不解釋自己的厚度，但沒有誰能取代它萬物之本的地位。
低調做人，就是用平和的心態，來看待世間的一切。
修煉到此種境界，爲人便能善始善終。

不卑不亢不張揚，虛懷若谷不露鋒芒

做人，再煩也別忘記微笑，
再急也要注意語氣，再苦也別忘記堅持，
再累也要愛自己。
做事，複雜的事情簡單做，簡單的事情認真做，
認真的事情重覆做，重覆的事情高效做。
不卑不亢不張揚，放下架子虛懷若谷，不露鋒芒。
低調做人讓你受到尊重，你會一次比一次穩健。
高調做事，讓你收穫成功，你會一次比一次優秀！

別因誰改變，別為誰卑微

人之貴，不是金錢和地位，而是格局和品行。
情之貴，不是物質和背景，而是緣分和感覺。
愛免費不廉價，情隨心不隨意。
不該在乎的不費心，該認真的要當真。
貴氣，是大氣，氣度寬宏有雅量，待人真誠不虛偽。
養好你的貴氣，便會得到福氣！
懂得分享分擔，自會收穫更多的人緣。
人這一輩子，人品為底子，養活自己的貴氣，別因誰改變，別為誰卑微！

保持眞實的自我，活出自己的本色

人生是杯酒，有醉也有淚。
人生是道題，有錯也有對。
人生是場緣，有愛也有恨。
不要說人非，不要說己對。
活著需要溫馨，心情需要靜美。
過往裡，無論對錯都不要後悔。
簡簡單單的活，快快樂樂的過，
保持眞實的自我，活出自己的本色。

學會控制自己的情緒

有人說，控制情緒遠比彌補傷害更簡單。

一時衝動下說的話、做的事，往往會讓我們後悔很久。

人與人之間，常常因爲一些無法釋懷的堅持，造成永遠的傷害。

話語的傷痛也像眞實的傷痛一樣，令人無法承受。

有時候生氣說的話，就像那些釘子一樣，在對方的心裡留下永久的傷口。

學會控制自己的情緒，爲別人開一扇窗，也能讓自己看到更完整的天空，

不要在情緒中決定任何事。

愛之深，責之切

這句話說起來非常簡單，但是要深刻感受卻不容易。
其實，每一個嚴厲責備我們的人，都是愛我們的人。
但是我們往往無法接受這種「責之切」的境地，
只想追求「愛之深」的感受而已。
這種心理障礙，普遍於人間。
我們若能透徹此理，再難看的臉色或是難聽的話也能善解，並生起感恩心。
如此，就可轉障礙爲力量，轉逆緣爲善緣。

人高在忍，諸事能忍品自高

人貴在善，積德行善方爲貴。人傑在悟，悟透人生則傑。
英雄未必在成敗，在其身體力行。
擡己意貶人，貶人意擡，己乃不尊人也。
謙恭者擡人貶己，貶己擡人，乃君子之風也。
諸事適可而止，不可盡興。
樂極生悲，福極生禍，物極必反，剛好最好。

人生有尺，做人有度

對信任我的人，我永遠不會撒謊，
對我撒謊的人，我永遠不會信任。
不管是朋友，還是愛人，你敬我一尺，我會敬你一丈。
只需坦坦蕩蕩，問心無愧。
人生有尺，做人有度。我掌控不了命運，卻能掌控自己。
情不能假，心不能傷。傷人必傷己，傷情必傷心。
無論是誰，對事對人，都應真誠，處人處事，都要真情。

你的忍讓不會白白浪費

做人，要時刻提醒自己，
快要發火的時候，忍一忍；
快要爭吵的時候，讓一讓。
有些話，需要心平氣和說出來。
有些事，需要冷靜以後再決定。
切不可在情緒不穩的情況下，
做一些讓自己後悔的事，說一些讓別人受傷的話。
忍一忍，也許會有好轉，讓一讓，也許就會原諒。
人無完人，誰都有缺點，大度一點，包容一點，何必撞得頭破血流，爭得你死我活。
有忍有讓，互相理解，相處纔會和諧。
讓一讓，不吃虧，
忍一忍，不委屈。
時間會幫你證明，上天會給你獎勵。
你的忍讓不會白白浪費，你的大度終會得到幸福。

人這一生，最重要的永遠是品德，最珍貴的永遠是良心

不要爲了錢財算計朋友兄弟，不要爲了利益出賣尊嚴良心。
錢沒了可以再賺，利沒了可以再幹，唯獨人品毀掉了，很難再建起來！
人這輩子憑良心，盡本分。別傷人、別騙人、別負人。
能被你傷害的，都是在乎你的人。
能被你欺騙的，都是信任你的人。
能被你辜負的，都是深愛你的人。

善待別人的同時，也是善待自己

不傷害別人的自尊，就是一種善良。
不驚擾別人的寧靜，就是一種慈悲。
揚人所長，補人之短，恕人之過。
人活著，發自己的光就好，不要吹滅別人的燈，做自己該做的事。
包容別人是一種修養，不是懦弱，也不是膽怯，而是諒人所難。
包容是一種美德，也是一種善待，
善待別人的同時，也是善待自己。

善良，是開在心靈的一朵花

寬容，是灑滿人間的一米陽光。
人若慈悲，就會心安。
人若大度，就有溫暖。
生活的美好，在於一顆淡然之心。
愉悅的思緒，在於一份內在的充實。
笑對生活是一種態度，
善待人生是一種境界。
任何時候，不做作，不矯情，
以善對人，以度做事，以理服人，以德服衆。

努力做一個性情善解人意，心胸豁達的人。
感恩擁有的一切，
珍惜身邊的朋友，享受每天的陽光，快樂無憂地生活，
就是最美的時光，最幸福的人生。

愛出者愛返，福往者福來

你愛別人，別人會愛你。你幫別人，別人會幫你。

種下寬容，收穫博愛。種下愉悅，收穫快樂。種下滿足，收穫幸福。

若想被人尊重，先去尊重別人。

若想被人理解，先去理解別人。

若想被人寬容，先去寬容別人。

若想被人欣賞，先去欣賞別人。

若想被人謙讓，先去謙讓別人。

因爲，人都是相互的。

人心是相互的，你讓別人一步，別人纔會敬你一尺

人心如路，越計較越窄，越寬容越寬。

不與君子計較，他會加倍奉還，

不與小人計較，他會拿你無招。

寬容，貌似是讓別人，實際是給自己的心開拓道路。

不計較了，想通了，心裡就敞亮了。

寬容，給心多一些氧氣，生活才鮮得起來。

人與人之間多份善待，感情裡就會少些飄零

日子，是在忙忙碌碌中平淡。
生活，是在粗茶淡飯中生香。
人生，是在坎坷挫折中歷練。
心情，是在百味雜陳中安暖。
心若不悲，人就不寒。心若不離，愛就不遠。
心若不恨，世間有暖。心若無瀾，碧海晴天。
眼不見爲淨，心不冷爲美。
人與人之間多份善待，感情裡就會少些飄零。

友不貴多，貴在知人、知心、知音、知情。
情不論久，重在心動、心懂、心同、心誠。
屬於自己的風景，纔有美麗流連。
擁有自己的傾心，才能以念取暖。
緣分萬千，順其自然，以心換心，才能永遠。

善良也要略帶鋒芒

最寬的是人心，最窄的也是人心。
心寬，路就寬；心窄，路就窄。
讓我們心大的，是寬容。
讓我們心小的，是計較。
這個世界上，
寬容讓我們變得坦誠，計較使我們變得胸悶。
心底善良的人，容易把所有人想像成好人，
心不設防，甚至一直爲別人考慮。
所以，越善良的人，越容易受到傷害。

這不是善良的人錯，也不是善良的人傻，
而是善良的人不懂得保護自己。
一定要記得，
善良也要略帶鋒芒。
一個人的心靈美了，周圍的世界也就美了。

什麼都可以輸掉，但不可以輸掉自己的良心

在你需要的時候，誰會出現，誰會關心，這纔是你的誰！
不要聽花言巧語，要看眞正的行動，
說的好永遠不如做的好。
做人，什麼都可以捨棄，
但不可以捨棄內心的眞誠；
什麼都可以輸掉，
但不可以輸掉自己的良心。

人活一世，抱怨一天，不如努力一天

沒有用處的話，說多了，浪費時間。
惡意傷人的話，說多了，害人害己。
背後搗亂的話，說多了，衆叛親離。
人若鋒芒太盛，往往會傷人無形。
再優秀的人，沒有好品性，最終衆人也會遠離，丟了人緣。
聰明的人，背後不說閒話，人前不說狂話，遇事不說怨話。
若你胸懷足夠大，可能裝下生活中所有的酸甜苦辣。
若你眼界足夠高，可以看淡人生裡所有的風吹雨打。

面對生活的是非爭議時，沈默是最好的解釋

面對人際的交往，受傷時放棄是最好的選擇。
人總要落魄一次，才知道誰最挺你。
人總要受傷一次，才明白誰最愛你。
困難你越是逃避，越是無法跨越。
責任你越是推卸，越是無法成長。
經歷越多，你才能學會權衡取捨。

說的好永遠不如做的好

風風雨雨誰靠誰，坎坎坷坷誰陪誰，
眞眞假假誰信誰，甜言蜜語誰騙誰，
許下的諾言誰兌了誰。如今的社會，誰懂誰？
我眞的不知道誰是誰的誰？誰還愛著誰？誰又傷了誰？
唉！記住，在你困難的時候，誰也不是誰的誰。
在你需要的時候，誰會出現、誰會關心，這纔是你的誰。
不要聽信花言巧語，要看眞正的行動和付出。
說的好永遠不如做的好，人心對人心，慢慢體會吧。

話一出，難收回

不要養成指責他人的習慣，尤其尚未弄清事情原委之前。
很多時候，你喋喋不休了半天，忽然發現其實是自己錯了。
即使真的是別人的錯，也不要把自己當成判官，
過失的他更渴望得到接納，而不是指控，
就像你在犯過錯誤之後所渴望的一樣！
一個手指指著別人，就會有四個手指指著自己。
話一出，難收回。

留一份沈默給自己

言多必失，禍從口出。
說太多，不如沈默。想太多，只會難過。
是非對錯，不爭不辯，時間會證明結果。
沈默是一種氣質，也是一種風度，更是一種品格。
留一份沈默給自己，一個人安靜一會，
聽一首歌，看一本書，拋卻煩惱的心事，
讓疲憊的心得到休息，在獨處中得到安寧。
懂得適時的沈默，可以讓混亂的心，變得清澈。

清者自清，無需爭辯

很多時候，不解釋，不是默認，而是壓根就懶得理。
不說話，不是無話可說，而是說了又如何。
說，是一種表達；不說，是一種表態。
清者自清，無需爭辯。人品端正，無需多言。
眞正的智者從來不會咄咄逼人，
不要什麼道理、什麼解釋，而是習慣了沈默。
在大事面前，淡定從容。在瑣事面前，置之一笑。
行得正，就不怕流言蜚語。站得穩，就不怕有人議論。

不去解釋，有時解釋是一種掩飾，讓時間證明是非

不去傷害，因爲傷害是一種痛苦，讓歲月驗證對錯。

不去挽留，有時放棄是一種考驗。

不懂選擇，再努力也難以成功。不懂行動，再聰明也難以圓夢。

不懂合作，再拼搏也難以大成。不懂積累，再掙錢也難以大富。

不懂滿足，再富有也難以幸福。不懂養生，再治療也難以長壽。

不爭，是一種境界

不爭的人在自己的世界裡，活得平和，過得平淡，卻很幸福。
不爭的人，會默默的做最好的自己，
以最好的自己展現給大家，不爭不搶，努力成就自己。
不爭的人，很清楚自己所擁有的幸福和財富，
也明白順其自然的隨緣，得之我幸，失之我命。
有些的東西，該是誰的就歸誰吧！
命中只有八斛米，走到天邊不滿升。
萬事不由人作主，一切都是命安排！

忘，是一種境界，也是一種選擇

忘不是糊塗，而是一種智慧。忘不是無能，而是一種大度。
忘不是失去記憶，而是放寬心態。忘不是糊里糊塗，而是學會裝傻。
忘是一種境界，也是一種選擇。只有忘掉不好的，才能記住最好的。
有些人，該忘就忘了吧！你念念不忘，傷的是自己。
有些事，該忘就忘了吧！過去的回不來，未來的再繼續。
人生旅途，哪能事事順利。人活一世，哪能樣樣盡心。
很多事情，想多了頭疼，記久了心痛，
不如學會忘記，還自己一份寧靜。

裝糊塗，是一種難得的智慧

人，只有裝傻纔會輕鬆。眼，只有裝瞎纔不流淚。嘴，只有裝啞纔不惹禍。

有時候知道的多了，未必是件好事。

以爲可以相信的人，看到的卻是無情和欺騙。

以爲牢不可破的關係，其實脆弱得不堪一擊。

發現了眞相，疼的是心，戳穿了謊言，冷的是情，

難爲了別人，困擾了自己。

人生不必活得太清醒，事情不必看得太透明。

裝糊塗是一種難得的智慧，也許會更豁達，也許會更快樂。

人不是壞的，只是習氣罷了

每個人都有習氣，
只要他有向道的心，能原諒的就原諒，
不要把他看做是壞人，你要感謝告訴你缺點的人。
睿智的人看得透，故不爭。豁達的人想得開，故不鬥。
得道的人曉天機，故不急。厚德的人重謙和，故不噪。
重義的人交天下，故不孤。怡情的人淡名利，故不獨。
知足的人常快樂，故不老。

每個人身上都有許多缺點

但是我們不能只看見別人的不好，
而忽略了自身的問題。
當你埋怨別人太過虛僞的時候，
也要反省自己是否坦誠相待。
當你覺得別人太過斤斤計較的時候，
也要想想自己是否大度。
人都是相互的，別人無權命令你做事，
同樣的，你也無權干涉別人的事。
做任何事情前，都要懂得換位思考。

多替別人考慮一下，自己也吃不了多少虧。
你要相信，只要用心對待身邊的每一個人和每一件事，
那麼你此生終究會遇到同樣願意無私待你之人。
所謂將心比心，即是如此！
以寬厚仁愛之心對待他人，
將心比心，即是佛心。

水至清則無魚，人至察則無友

人活著沒必要凡事都爭個明白，
水至清則無魚，人至察則無友。
跟家人爭，爭贏了親情沒了。
跟愛人爭，爭贏了感情淡了。
跟朋友爭，爭贏了情義沒了。
爭的是理，輸的是情，傷的是自己。
黑是黑，白是白，讓時間去證明。
放下自己的固執己見。
寬心做人，捨得做事，贏的是整個人生。

眼裡有塵天下窄，胸懷無事一牀寬

留有口德禮天下，心直愼言方爲佳，
根深不怕風搖動，樹正不怕月影斜。
人不敬我是我無才，我不敬人是我無德。
人不容我是我無能，我不容人是我無量。
人不助我是我無爲，我不助人是我無善。
凡事不能以他人之舉對人，
凡事不能以他人之過抱怨。

做人，問心無愧就好

對欺騙自己的人，不拆穿，心裡明白。
對小瞧自己的人，不動怒，繼續奮鬥。
對相信自己的人，不傷害，真心相待。
對幫助自己的人，不忘恩，永記心間。

做人，要學會多記好、少記仇

誰都有不足和缺點，誰都會自私和犯錯。
不要因爲一點小事，就否定了一個人的品行。
如果一直耿耿於懷，帶著一顆怨恨之心，
生活對別人是一種傷害，對自己是一種折磨。
朋友之間，記住別人的好，就會擁有更多的朋友。
親屬之間，記住別人的好，這個家庭一定會其樂融融。
記住別人的好，用一顆感恩之心去生活，
才能看淡瑣事，放下煩惱。

做人，切記勿以身貴而賤人

對人恭敬其實是莊嚴自己，尊重別人就是尊重自己。
優秀的人更懂得尊重別人，
別人尊重你，並不是因爲你優秀，而是別人很優秀。
做人最忌諱的，便是太有身份感。
一個將身份拿來說事的人一開始他就輸了。
眞正的尊重是一種修養，眞正的尊重並不是社交場合的禮貌，
而是對人的認可與理解，更是一種難得的修養。
對人恭敬，就是莊嚴自己。

做人，高在忍，貴在讓，心在善

永遠別和小人斤斤計較，千萬別和惡人合污同流。
別把煩惱一直揹負在身，別把金錢看得太過重要。
看淡一些，寬容一點。
你待人誠懇，會被人信任。你與人爲善，會活得心安。
有體人之心，能廣結知己。能恕人之過，會遠離禍端。
做人多一些珍惜，感情更長久，學得會換位，相處才快樂！
忍一時不是懦弱，讓一步海闊天空，善一生纔算精明！

人不一定博學多才，但要懂尊重對方

茫茫人海相遇是緣分，懂得去把對方視如知己。
一個有品質的人，一定是有涵養的，得一益友勝百人。
品德不是一個人的奢華，也不是一個人的外貌，
正所謂打開字跡看人品，每個人都希望自己有品位，
當你去讀懂一個人的時候，你已經被他的素質吸引。
在我們欣賞別人的時候，也愉悅了自己。
無論誰多高貴，互相尊重才能友誼長存！

透過智慧的眼睛看，每個人都值得尊重和學習

透過批評的眼睛看，世界充滿缺陷過失之人。
透過傲慢的眼睛看，這世界充滿低賤愚癡之人。
透過智慧的眼睛看，你會發現原來每個人，都值得尊重和學習。
不圓滿是自己有煩惱，不清淨是自己有業障。
心有慈悲，沒有看不起的人。心有智慧，沒有看不慣的事。
眼淨，屏蔽世間俗事叨擾。耳淨，隔斷人群流言蜚語。
嘴淨，預防自己禍從口出。心淨，修煉內心波瀾不驚。

用一顆平常心去對待人和事，讓理解與你時刻相隨

我們欣賞大度，我們讚美寬容，我們更讚美和呼籲理解。理解是一種高貴的品德，理解是一種換位思考，理解是一種心靈的領悟，理解是一種心靈的和諧。多一分理解，就多一分溫暖。多一分理解，就多一分感動。多一分理解，就多一分融洽。多一分理解，就多一分美好。只有多一些理解，友誼之樹才能長青，友誼之花才能常開。學會用一顆平常心去對待人和事，讓理解與你時刻相隨。

讓人舒服，是最頂級的人格魅力

讓人舒服的人，一定是細心體諒她人，極具同理心的人。
層次越高的人，越懂得尊重別人，
他們更懂得尊重中包含的平等、價值、人格和修養的意義。
始於顏值，敬於才華，合於性格，久於人品，終於慈悲。
做人如此，交友亦如此。
世間紛擾，亂相蔽目，混沌蒙心。
守得住這條正道，才能在萬千人當中，交下最值得交的那個，
在萬千種選擇中，選出最有意義那種。若能如此，便是最高境界！

人和人相處，最舒服的狀態就是自然

你不用討好我，我不用巴結你，
相處隨意，交往安心。
不是每個人，都能成為朋友。
不是每個友，都能相伴長久。
合不合，就看一個「緣」字。
所以，不要留戀失去的人，不要糾纏要走的人。
過去就是客，一別成路人。
對你好的，你要珍惜，
冷落你的，你要放棄。

別想太多，別總生氣，折磨的只是自己。
無論你接不接受、承不承認，
有些事，你做不了主，
有些人，你留不住心。
與其糾纏，不如順其自然。與其強求，不如微笑放手。
屬於你的，永遠都在。

你若盛開，清風自來

如果你是正確的，不要太多爭辯，做人留一線，日後好相見。
如果你是出色的，不要到處顯擺，別人會在你的得意忘形中遠離你。
如果你是難過的，不要逢人就訴苦，煩惱人人有，何必四處揭傷口。
做自己的太陽，無需憑藉別人的光。
做好自己生命的主角，別到誰的世界跑龍套。
當一個人能做好自己之後，才能用足夠好的狀態去面對對方。
你若盛開，清風自來。

重要的是藏在細枝末節裡的經歷

這輩子，做人最難。

不管你多麼善良，都有人說你惡毒。不管你多麼眞實，都有人說你虛僞。

不管你做什麼，都有人把你議論。不管你說什麼，都有人把你嫌棄。

做人，好也不是、壞也不是，精也不能、傻也不能。

人生苦短，要來的阻擋不了，要去的挽留不住。

在這得失之間，只要你耕耘過、播種過、澆灌過，

收穫多少不是成敗的唯一標準，重要的是藏在細枝末節裡，

那種使你痛、使你愛、使你終身難忘的，一次次刻骨銘心的經歷。

生命的本質就是
安靜地努力、華麗地呈現

當一個人願意付出和擔當時，纔是成長的開始。
當一個人能管理好自己的情緒時，纔是卓越的開始。
當一個人能學會向內看，時刻反醒自己時，纔是進步的開始。
當一個人能懂得知恩、感恩、報恩，
感謝生命中所給予的一切時，纔是邁向幸福的開始。
請向內雕琢，你將明白生命的本質，
其實就是安靜地努力，華麗地呈現。

人活著，活的是個圈子

圈子不需大，容得下自己就好！
朋友不在於多少，自然隨意就好。
有些人，只可遠觀不可近瞧。有些話，只可慢言不可說盡。
朋友，淡淡交，慢慢處，才能長久。
感情，淺淺嘗，細細品，纔有回味。
朋友如茶，需品；相交如水，需淡。
一份好的緣分，是隨緣；一份好的感情，是隨性。
相交莫強求，強求不香；相伴莫若惜，珍惜才久！

相識於緣，相交於情，相惜於品，相敬於德

春天因爲珍惜爲它綻放的每一朵花兒，所以奼紫嫣紅。
大海因爲珍惜向它奔流的每一條小溪，所以浩瀚無垠。
高山因爲珍惜爲它奠基的每一塊岩石，所以巍峨高聳。
我們也唯有珍惜每一份情誼，每一份擁有，
才能讓自己的人生更豐盈富足，寬闊順暢。
人與人相識於緣、相交於情、相惜於品、相敬於德。
做人，心越寬闊，路越寬廣，心越眞誠，情越醇厚。
懂得珍惜，才能擁有更多。漫漫人生路，珍惜前行路上的每一份情誼。

人與人之間眞的有磁場這回事，一接觸就能感覺出來

有些人，開始就發現不是一路人，
走到一起靠的不過是初識的熱情，最終抵不過曲終人散。
有些人能和你一見如故，有些人永遠不會和你深交，
不是不好，只是磁場不合。
所以遇到對味的人，眞的挺幸運的，感謝相遇吧！

近朱者赤，近墨者黑

這是老一輩的格言，到什麼時候都不過時。
人這一輩子，跟什麼樣的人在一起，的確很重要。
從初生一張白紙，到步入社會這個大染缸裡，
你身邊的親朋好友，將對你的人生起著決定性的作用。
跟心地善良的人在一起，你也會心地良善。
善良的人，大多數都擁有一顆仁慈之心，
對家人任勞任怨，對工作盡職盡責，對朋友掏心掏肺，
不會因利而勾心鬥角，不會因情而背信棄義。

和有趣的人在一起

這個世界上，好看的臉蛋太多，有趣的靈魂太少，
如果你碰到一個有趣的人，請一定要珍惜。
有趣的人是思維和你在一個頻道的人，有趣的人是懂你的人，
有趣的人是眞誠的人。有趣的人會讓你更加熱愛生活。
有趣的人能開闊你的眼界。有趣的人會讓你更加有勇氣。
在這個如林的世界裡，永遠不缺少各式各樣的人，可唯獨有趣的最難遇到。
和有趣的人在一起，不需要飯菜下酒，
他的故事就夠了，可飲風霜，可潤溫喉。

相識的人很多，相依的人並不多

最好的感情，人遠心不遠，最好的關係，再遠也親近。
時間不是問題，距離不是阻礙。
只要心裡有，只要情誼真，再遠也能不離不棄，再久也會始終如一。
生命中，相遇的人很多，相知的人並不多。
生活裡，相識的人很多，相依的人並不多。
大千世界，並不是缺少一個說話的人，
而是渴望一個理解自己，讀懂自己的人。
假如，生命中有這樣一個人出現了，一定記住一個詞：珍惜。

緣份這本書，漫不經心會錯過，讀得認眞會流淚

緣份是本書，打開有驚喜，也有悲傷，
闔上有溫暖，也有悲悽。
緣份這本書，漫不經心會錯過，讀得認眞會流淚。
靜靜駐足在時光一隅，鋪開一紙素箋，輕執一支瘦筆，
將一抹溫暖、一縷馨香，連同心底溢出的淡淡的、淺淺的安暖，
溫柔地植入筆墨之中，精心地銘刻在流年經轉的時光迴廊，悄悄收藏。
不論何時念起，依舊會安暖如初。

花總要凋零，就如夏終會離去

人的一生，總有一些人留不住，總有一些事躲不過，
就像花總要凋零，就如夏終會離去。
花落了，涼了誰的心。夏去了，冷了誰的情。
生命裡，那些不屬於自己的過客終會匆匆。
生活裡，那些與自己有因的事情終會來臨。
別去爲人傷心，別去爲事傷懷。
相逢，無對、無錯、更無期。相離，無怨、無悔、更無氣。
把心放開，把懷敞開。輕鬆愉快，暢享未來。

有些人想留也留不住，有些人卻偏偏要遇見

人與人之間的緣分就是這樣，有相聚，也會有分離，
你不知道會在哪個路口會遇到，
也不知道會在何處揮手道別。

生命總會有遺憾，
有些人想留也留不住，有些人卻偏偏要遇見。
其實，如何遇見、要走多遠或何時告別都不重要。
重要的是在人生旅途中，我們一起經歷了，看過同樣的風景。

時間是最好的過濾器

人和人相處久了，缺點會漸漸暴露出來。
當對方把你看透了，卻依然不嫌棄你，那就是眞心。
你的脾氣和行爲會趕走許多人，但也會留下最眞的人。
時間是最好的過濾器，留下來的就是相互適應的有緣人。
唯有珍惜纔會長久，
無論愛情、友情還是親情，不去經營都會形同陌路。
輪迴的路上，就讓善意盈盈的每一段，
寫滿努力與光明，寫滿平安與美滿。
感恩所有的遇見，感恩還留在你身邊的人。

人世間的聚散依依，不過是心與心的距離

我們總喜歡在別人的故事中駐足，期待別人給天長地久。
只是更多的時候，是一個人的清歡，一個人的細水長流。
人世間的聚散依依，
不過是心與心的距離。
紅塵中，終會有人來人往。
學會在遇見中感恩，在經歷中感動，在包容中豐盈。

不要在乎失去了誰，但一定要珍惜剩下的是誰

人一輩子不斷的在交朋友，也不斷的在淘汰朋友。
走著走著，去向不一致了，性格不相容了，地位也懸殊了，
眞正走到最後的能有幾個？
所以纔有人生得一知己足矣的感嘆。
不要在乎失去了誰，但一定要珍惜剩下的是誰！
因爲留下來的纔是最好的！

別等失去了，才追悔莫及

友情不等人，有情有義的朋友你心裡一定要有。
困難的時候，要暖手相投。鬱悶的時候，要婆心苦口。
這個世上永遠沒有賣後悔藥的，對你好的人，一輩子要珍惜。
別等失去了，才追悔莫及。
別等心碎了，纔想去彌補恢復當初。
別等孤獨了，才明白有人在乎是多麼幸福。
只有有情有義，纔有陪你到底。只有眞心眞意，纔有一輩子不分離。

讓所有的遇見，都成爲美好

記住別人的好處，叫感恩。
忘記別人的不好，叫寬容。
少一些自我，多一些換位，才能心生快樂。
最美的風景，不在終點，而在路上。
最美的人，不在外表，而在心裡。
願所有的思念，都能相聚。
讓所有的遇見，都成爲美好。

花有千姿，各自盛開，互相不妨礙

人有不同，各自精彩，互相不詆譭。
是非對錯，天自定奪，互相不評論。
人與人相交，不累爲美，和諧爲準。
心與心相惜，信任爲好，眞誠爲美。
人和人相處，理解最需要，和睦最重要。
心和心相知，互通最默契，關懷最溫暖。

人和人之間，信任太難

人心隔肚皮，真假看不清。
你掏心，人家未必真心。
你防備，人家說你冷冰。
太信任別人，會被欺騙。
太懷疑他人，會傷人心。
人和人之間，因爲信任，纔敢掏心。
心與心之間，因爲信任，纔敢靠近。
信任很難，所以要珍惜，
信任不易，所以別忽略。

不管是做人還是做事，
都要說話算話，言而有信。
有生之年，珍惜一點，
別辜負信任，別毀掉信任。
一生不長，
一定要記住：
信你的人，別欺，你信的人，別疑！

人心難看清，誰能篤定，誰表裡如一

人心難弄懂，誰能猜透，誰言外之意？
人心好騙取，眞的在乎，很容易輕信。
人心好糊弄，心裡裝著，很容易寬恕。
人心，誰對誰有幾分眞？
不能測，不能量，只能用心觀看。
人心，誰對誰有幾分誠？
猜不透，看不清，只能慢慢去辨別。

別去試探人心，它會讓你失望

雪怕太陽，草怕霜。人怕沒錢，情怕傷。

人實在了，騙你的人就多了。你有用了，找你的人就多了。

你沒用了，離你的人就多了，這就是現實。

別去試探人心，它會讓你失望。

有些事知道了就好，不必多說。有些人認識了就好，不必深交。

誰好誰壞心裡知道就好，尖三分，傻三分，留下四分給時間！

世上有兩樣東西不要直視，

一是太陽，二是人心，前者傷眼，後者傷心。

不要賭天意，不要猜人心

天意你賭不起，人心你猜不透。

到了一定的年齡，就不要再追求一些虛僞虛假的東西了，

人這一生也沒有多少時間可以揮霍。踏實一點，務實一些。

和誰在一起輕鬆、舒服愉悅，就和誰在一起。

追趕不上的朋友，不追！不屬於自己的，不要！

背不動的，放下！看不慣的，刪除！

漸行漸遠的，隨意做自己想做的事，有自己的精神世界！

聽最想聽的聲音，見最想見的人，如此簡單，甚好。

鬼不可怕，因爲看不到；人才可怕，因爲交不透

讓著你的人，不是因爲笨，而是在乎你。
經常問你幹嘛的人，不是閒得慌，而是牽掛你。
對你好的人，不是欠你的，而是把你當親人。
眞誠的人，走著走著，就走進了心裡。
虛僞的人，走著走著，就淡出了視線。
人生有尺，做人有度。
相遇是緣份，相處靠眞誠，長久交往靠珍惜。

錢沒有對錯只有眞假，人知道對錯但難辯眞假

錢有價值，可有些人爲錢失去了價值。
錢沒有脾氣，卻把人整得一點脾氣都沒有。
錢沒有性格，卻在在改變了很多人的性格。
錢沒有立場，卻讓很多人站在了不同立場。
錢沒有感情，卻玩弄著不同人的不同感情。
錢不會偏心，但讓很多人偏離了良心。
錢不會整人，但有些人爲了錢去整人。
錢雖重要，但人品更重要。

樹葉，不是一天黃的，
人心，不是一天涼的

走錯了路，要記得回頭。看錯了人，要懂得放手。
放下別人的錯，解脫自己的心。
誰都不傻，誰也不笨。
用眼看人會走眼，用心感受才是眞。
久了就會知曉，誰是最懂我。
患難不一定會見眞情，但日久一定會見人心。

時間識人，落難知心

不經歷一事，不懂一人。
時間，是最好的過濾器。
歲月，是最眞的分辯儀。
一個人是眞心或假意，不在嘴上，而在心上！
一份情是虛僞或實際，不在平時，而在風雨！
金用火試，人用錢試。
不用開口就幫你的，是貼心朋友。
你只要開口就幫你的，是好朋友。
你開口了，答應幫你最後卻沒幫你，是酒肉朋友。

還有一種，非單不幫你還要踩上一腳的，那不是朋友。
關鍵時刻，分眞朋假友，長久守候，知誰留誰走。
誰是陪你的笨蛋，誰是傷你的混蛋，
都能分得清清楚楚！
日子久了，
誰還會一直在，誰早已離開，
都能看得明明白白！

什麼樣的人，就得拿什麼心來對待

如果你的善良換來的只是無盡的煩惱，
那麼適當的收回你善良的本性，試著學會保護自己！
如果你的忍讓換來的只是得寸進尺，
那麼停下腳步想想，寬容、遷就是不是適合每個人！
如果你的付出換來的只是應該，
那麼別做那些無謂的犧牲，不是人人都會懂你的仁慈。
有時候，過度的忍讓，是對自己最大的傷害！
你總是顧及別人，那誰來顧及你？

人貴在眞，心貴在誠

交君子，受益一生。
情誼之長，重在眞誠，貴在信任。
人無信不交往，人守信情長久。
情之美，美在信任，如清水般淡雅。
愛之美，美在珍惜，如清茶般綿長。
眞心，經得起考驗。眞情，經得起時間。
有人信你，是一種溫暖、一種幸福，需倍加愛惜。
被人相信，是一種感動、一種力量，需好好珍惜。

與人相處，貴在誠懇

不要忽視別人真心的好，
不要覺得說謊話沒啥大不了。
與人相處，貴在寬容，
不要對啥事都爭長論短，
不要對別人的要求太過苛刻。
與人相處，貴在分寸，
不要把自己看得太重要，
不要苛求誰都對自己不計較。
重要的是爲人坦蕩，問心無愧。

事在人爲，情靠人建，
將心比心，感情才深。
相處時要眞心實意，相伴時要設身處地。
能爲別人著想，換來的是同甘共苦的伴。
懂得爲人付出，得到的是惺惺相惜的暖！

做人，別忘恩、別失信、別傷人心

說話要誠信，做事要認眞，相處要眞心，爲人要誠懇。
相信你的人不能騙，懂你的人不能淡，
疼你的人不能遠，懂你的人不能斷。
人這輩子，最不能辜負的是三種人：
無條件信任你的人、不求回報愛你的人、眞心眞意幫你的人，
感恩生命中的每個人。

信任如水，一但渾了，就永遠都清澈不了

眞情如鏡，一但碎了，就沒辦法完好如初。
選擇信任一個人，可以說是把心掏出來給人看，
因爲重要、因爲可靠，才敞開心扉，才袒露軟肋。
選擇關愛一個人，就是把心送出去，沒想收回來。
因爲看重，因爲在乎，纔拿心惦記，纔拿命珍惜。
人心只有一顆，別拿冷漠周全。誠信只有一次，別拿謊言挑戰。
眞情只有一回，別拿虛假敷衍。不要讓信你的人，輸的一敗塗地。
更不要讓愛你的人，含淚離你而去。信你的人，別騙！愛你的人，別傷。

值得信任的人，不是因爲他說的話，而是因爲他做的事

不要隨便羨慕他人有車、有房、收入高，
因爲你不知道他背後承擔了多少負債和責任的壓力。
不要隨便評論他人小氣、摳門兒、自私，
畢竟跟你沒啥交情的人，也沒有義務對你大方爽快。
磁場相同的人才能做朋友，
不是自己的圈子也別硬擠，
你不可能做到讓所有人滿意，
但千萬別讓所有信任你愛你的人寒心。

做一個有口德、心懷感恩、勤勞實幹的人，
纔會讓人覺得幫你有價值。
值得信任幫助的人，
永遠不是你說出來的話，
而是你實打實做出來的事。

在理解中永恆，在包容中幸福

人，這輩子無非是個過程。
榮華花間露，富貴草上霜。
生活不需要山盟海誓，真正做到就好。
不需要相互埋怨，相互理解就好。
不需要相互猜疑，相信對方就好。
不需要成天生氣，懂得包容就好。
人生每一份感情，都是在理解中永恆，
每一種相處，都是在包容中幸福。

在人際關係的漩渦

讓轉念成為照亮自己的光

朋友是人生路上最美的景色，友誼是彼此相連的橋樑

讓我們用心靈的筆墨，點綴著人生路上的風景，
用眞誠的付出，收穫人世間最感人的眞情！
朋友是生命叢林中的陽光雨露，是心靈歇息淨化的驛站，
是收藏開心快樂的寓所，是儲蓄感情豐富知識的行囊。
不管人生路上幾多風雨，
朋友如傘，遮風擋雨；朋友如伴，陪你一路晴空！
願你的天空更藍、人生最美。

美的並非時光，而是我們遇見了彼此

有人說時光很美，美的讓人總想留住。
其實美的並非是時光，只是我們遇見了彼此，才有了最美好的時光。
有人說風景很美，美得恍若人間仙境，其實美的不是風景，
而是我們擁有一雙發現美的眼睛，和一顆感受美的心。
有人說讀文最美，因爲彼此都在知識的海洋裡徜徉，
有你、有我、有大家才精彩！

什麼是真朋友？

是跌倒了能扶你的人，而不是踩一腳。
是落魄了不棄你的人，而不是趕快逃。
是生病了在意你的人，而不是不聞不問。
是寂寞了能陪你的人，而不是不理不睬。
這樣的人，
也許你平時看不見，患難時就出現。
或許你得意時找不到，失意後給依靠。
真真假假，時間會給你最好的回答。
冷冷暖暖，遇事之後總會讓你明白。

誰是虛僞的應承，誰是眞誠的陪同。
哪是不離不棄，哪是無情無義。
朋友，
不在於認識的有多少，
而在於眞心的有幾個！

真誠的朋友是財富，
知心的朋友是一生的幸運

什麼是朋友？
能懂你、理解你、
珍惜你、尊重你、在乎你，
纔可稱之爲朋友。
交一個有情的朋友，是一種榮幸。
交一個眞誠的朋友，是一種財富。
交一個知心的朋友，是一生的幸運。
和一個你能聊得來的人說說心裡話，是一種減壓。

和一個懂你的人聊一聊，是一種享受。
和一個你喜歡的人聊聊，是一種快樂。
和一個喜歡你的人說說話，是一種幸福！
朋友，
見面不重要，心裡有你才最重要。

交個朋友不容易，好好珍惜

眞誠的朋友是安慰，疼你的朋友是財富，
虛假的朋友是負累，傷你的朋友是痛苦，
正能量的朋友成就你，負能量的朋友摧毀你，
對你好的朋友鼓勵你，算計你的朋友利用你。
一流朋友和你共進退，二流朋友和你報不平，
三流朋友和你同甘甜，四流朋友和你爭長短。
交個朋友不容易，好好珍惜。

眞正的朋友，可以陪你度過一生

眞正的朋友，在你出醜的時候，他不會嘲笑你；
在你有難的時候，他不會冷眼看你的哈哈笑；
在你優秀的時候，他不會嫉妒你；
在你把祕密告訴他時，他不會破壞你；
在你難過的時候，他會用眞誠的話來勸解你；
在你爲工作煩惱的時候，他可以陪你解鬱。
眞正的朋友，只比愛人差一步，只比父母低一級。
眞正的朋友，可以陪你度過一生，直到永久。希望你有一個眞正的朋友。

眞心的朋友，是最懂你的人

走進一個人的世界，不是靠言語的打動，而是靠貼心的感動。
叩開一顆心的門環，不是依仗一時的激情，而是依賴長久的深情。
感情不求浪漫，有一顆陪你的心就溫暖。
不是每個人都能坦誠相見，對的人才能讓你笑得燦爛。
不是每顆心都能相互取暖，眞的心才能讓你盼望永遠。
流在眼角的熱淚有人疼，壓在心中的鬱悶有人聽，扛在肩上的壓力有人懂。
眞心的朋友，是最懂你的人。

懂，是輕柔歲月裡的一縷暗香

一杯茶，在等一個懂它的人。
有的時候，人也是在等一杯傾心的茶，你若願等，茶不負你。
一朵花，是在等懂得欣賞他的知己，你若懂得，他必歡顏。
懂，是輕柔歲月裡的那一縷暗香，是平淡生活中的相依相隨的陪伴，
是繁花落盡後的那份珍藏，是千迴百轉後的那一份執著。
長路漫漫，一份懂得，是風風雨雨中爲你的堅強。
歲月無聲，一種溫暖，是不言不語的那一份相隨。

能撥動心絃的是懂得

能闖入靈魂的是愛緣，能傾情投入的是知己，
能刻骨銘心的是殊緣，能眞誠相助的是道友，
能一路相隨的是兄弟，能無怨無悔的是父母，
能不嫌不棄的是伴侶，能誨人不倦的是恩師。
能相聚因爲有緣，能認識是因爲投機，能傾訴是因爲信任，
能互動是因爲懂付出，能相惜因爲懂感恩！

一句懂得勝過千言萬語，一句我在便是春暖花開

有的人，見與不見，皆在心中。
有些情，念與不念，都是溫暖。
天涯外，是一份遙望。咫尺內，是一份溫暖。
默默的守候，深深的疼惜。
沒有風的憂傷，只願雨的潔淨相伴。
沒有海的誓言，只願水的溫柔以報。
一句懂得，勝過千言萬語。一句我在，便是春暖花開。

溫暖就是有一個願意陪伴你的人

人總有脆弱的時候，不需要太多語言，
累了，有一個擁抱可以依靠。痛了，有一句關懷可以舒緩。
即使兩兩相望，也是一份無言的喜歡。
即使默默思念，也是一份踏實的心安。
人總要有一個地方遮風避雨，心總要有一個港灣休憩靠岸。
最長久的情，是平淡中的不離不棄。
最貼心的暖，是風雨中的相依相伴。
幸福就是有一個讀懂你的人，溫暖就是有一個願意陪伴你的人！

人活著，品行比錢財重要，情義比利益珍貴

再窮，不坑朋友，再富，不忘恩人。
人的一生很短暫，遇到幾個好朋友不容易。
在你窮困潦倒的時候，是朋友的會伸手幫你，
雪中送炭，溫暖了你的心。
時日再久，也要記得這份情義！

雪中送炭永遠都比雨後送傘溫暖

這個世上最好的愛，
是我需要你的時候你剛好在。
最真的情，
是我最無助的時候你會陪伴。
感情不是說說，而是用實際行動體現。
生命中，若有人能在你最需要的時候出現，
幫你解決麻煩，給你安慰鼓勵，
那麼這個人一定是真心在乎你的人。
友情也好，愛情也罷，

雪中送炭永遠都比雨後送傘溫暖，
實際行動比甜言蜜語靠譜。
感情中最難得的就是，
你需要一個人的時候，
那個人一直都在，
能陪你承擔所有。

微笑著一份溫暖，感動著一份遇見

生命的河流裡，
因爲有緣，我們總是在遇見；
因爲有愛，我們總會心動。
每次相逢，無論緣分如何短暫，都是累積的前緣。
一直相信，
人世間有一種相遇不是在路上，而是在心上。
我用時光之筆，
將最美的遇見寫在心間。

我用歲月做箋，
將初遇的芬芳一路珍藏。
因爲懂得，所以寬容，
因爲相知，所以珍惜。
愛情因爲珍惜而美好，
親情因爲相依而溫暖，
友情因爲珍惜而長久。
微笑著一份溫暖，感動著一份遇見。
這一程山水，終是因爲懂得而縈繞滿懷馨香。

遇見只是一個開始，珍惜才能一生相伴

一個人，最大的幸福，是有人在乎。

最大的快樂，是有人問候。最大的感動，是有人包容。

最大的滿足，是有人守候。最大的奢求，是有人懂得。

生活不要太享受，幸福簡單就足夠，

人生不要太完美，快樂無悔就滿足！

無論是對朋友還是最愛的人，不需要花言巧語，實實在在就好！

不需要山盟海誓，真正做到就好！

感情都是相互的，用心暖心

再好的朋友，缺少聯繫也會淡。
再深的感情，不懂經營也會斷。
多少已散的宴席，是望不到深情，而後會無期。
多少擦肩的緣分，是得不到在乎，而悄然離去。
人心都是相對的，以眞換眞。感情都是相互的，用心暖心。
只有眞心眞意，才能不離不棄。
世界很大，有緣能遇見不容易。
心靈很小，有心裝著你要珍惜。

將心比心，才能以心換心

當釦子離開了衣服，才知道什麼叫做依賴，
當衣服失去了釦子，才懂得什麼叫陪伴。
不要等到緣已散，情已淡，人已遠，才明白什麼叫做爲時已晚。
將心比心，才能以心換心。憑眞憑誠，才能留心留情。
心牽心，日久必見人心。情驗情，珍惜贏得眞情。
其實人有時候僅僅需要的是一處共鳴，
一點理解，一份慰問，一個陪伴，一句心疼，就足夠了。
所謂的幸福，就是人生有個能懂你的人。

所有的讓步都是因爲在乎

人要懂珍惜，更要懂感恩。
不要欺負忍讓你的人，不要無視包容你的人。
父母包容你，是因爲親情。朋友包容你，是因爲友情。
包容你的人，都是眞心對你好的人。
友情也好，愛情也罷，請珍惜爲你讓步的人。
你要明白，這個世上誰都有私心，
沒有一個人願意委屈自己，去忍讓另一個人。
所有的讓步都是因爲在乎，所有的包容皆是因爲看重。

用心善待對你好的人

一生中遇見的人有很多，
能眞正停留在心的沒幾個。
人心，不是一朝一夕就會熱。
感情，不會三言兩語就會有。
人與人之間，交的是一顆心。
你眞心——我才眞心，
你用心了——我纔會傾心。
再熱的心，一勺勺潑涼水也會冷。
你若有心，我怎會無情！

能牽手的時候，請別肩並肩。
能擁抱的時候，請別手牽手。
能相愛的時候，請別說分開。
擁有了愛情，請別去碰曖昧。
我們每個人都要用心善待對你好的人。
走散了，打著燈籠也找不到了。
錯過了，尋遍人海也遇不著了。

有人能包容你，不是誰欠你的，而是很在乎你

有人能原諒你，不是你認錯了，而是怕失去你。
對一個人認真，就會全心全意。
對一份情執著，就會堅持到底。
用盡全部力氣只希望把你讀懂，耗上時光與精力只願你過得開心。
不要忽略處處都遷就你的人，你的脾氣不是誰都能受。
更不要漠視甘願輸給你的人，你贏的背後是一顆捨不得你的心。

有人掛念，再淡的水也是甜的

有人思念，再長的夜也是短的。
有人關懷，再冷的天，也是暖的。
這世上最幸福的，
就是你等的那個人也在等你，你關心的那個人也在關心你，
你想的那個人也在想你，你愛的那個人也在愛你，
你懂的那個人更懂你！
人活一輩子，友情與愛情必不可少。
無論友情還是愛情，只需一個懂得，一個珍惜，一個不離不棄。

人生是場緣，聚散都自然

每一場相逢，不管瞬間還是永遠，都是一幅美麗的畫面。
愛會讓心醉，也會讓心碎。只要真心愛過，總會捨不得。
珍惜人生的每一次緣分，珍惜相聚的快樂時光。
別抱怨情深意濃緣分薄，看輕纔會快樂，看淡纔會幸福。
分分合合不算錯，有些擁有，不在歲月，而在心底。
有些離開，不在天涯，而在心裡。
人與人相遇就是緣，要珍惜。心與心相通就是愛，要真摯。
情與情相融就是懂，要誠實。

遇見了就是緣份，相處過就是福分

人這一生，會遇見不同的人。

有的人成了朋友，有的人成了過客，

有的人能陪一生，有的人只陪一程。

我們沒有未卜先知的能力，

算不出最美的相遇，最痛的離別又會在哪一天。

不管是並肩前行，還是陌路殊途，遇見了就是緣份，相處過就是福分。

我們能做的，就是珍惜眼前一天，一年，一秋寒；

一哭，一笑，一嘆息；一眨眼，一輩子！

緣來不易，惜福惜緣

世界上最溫暖的事情，莫過於有人懂、有人疼。
眞對你好的人，是不需要回報的。
陪伴無怨無悔，付出全心全意。
不是所有的愛都能擁有，彼此都在就是最眞的承諾。
不是所有的情都能傾訴，彼此都懂就是最好的感受。
心的貼近溫暖著飄零，情的眞誠呵護著生命。
陽光暖在身上，眞情暖在心上，
無論何時何地以心作陪，無論天涯海角以情相暖。

人與人，一場緣；心與心，一段情

當一些名字只是痕跡，是否忘了珍惜，
當一些感情只是曾經，是否只剩惋惜。
相處，需要的是默契。陪伴，需要的是耐心。
感情，需要的是理解。
人與人，一場緣，心與心，一段情。
眞正的朋友不是不離左右，而是默默關注。
一句貼心的問候，一句有力的鼓勵。

相遇已不易，相知更要珍惜

生命中，有多少的不分離，最後被時間打磨成了不聯繫。
有多少的難忘記，最終成了後會無期，成了一個謎。
當一些名字只是痕跡，是否忘了珍惜？
當一些感情只是曾經，是否只剩惋惜？
再好的朋友不去聯繫也會遠，再好的感情不懂經營也會淡。
別讓等待的心，等到無望，別讓想念的人，想到不想。
人生能相遇，已是不易，心靈若相知，更要珍惜！

「珍惜」兩個字，很輕又很重

珍惜，真正對你的人。珍惜，真誠的人。
珍惜，喜歡你的人。珍惜，真正愛你的人。
珍惜，捨不得傷害你的人。珍惜，捨不得放棄你的人。
珍惜，懂你的人。
珍惜每一次遇見，讓時光的畫卷上一生無悔。
人世間有一種相逢，不是在路上，而是在心裡。

人生，只有今生的相遇，沒有來生的約定

讓著你的人，不是笨，而是在乎你。
遷就你的人，不是沒講理，是捨不得你傷心。
包容你的人，不是沒脾氣，而是眞正的愛你、懂你。
天天裝傻逗你的人，不是眞傻，是想時刻讓你開心。
經常主動找你的人，不是閒得慌，而是對你眞心的思念、惦記。
請珍惜那個相遇，珍惜那個主動找你的人兒。
人生，只有今生的相遇，沒有來生的約定。
珍惜才能擁有，感恩才能長久。

幸福不會時時等著你

懂你的人，總是會一直在身邊守護你，不讓你有一絲的委屈。
眞正愛你的人，也許不會說許多愛你的話，卻會做許多愛你的事。
如果發現身邊有這樣的人，請你好好珍惜。
幸福不會時時等著你，
愛你的人和你愛的人不是隨時可以出現，
好好把握，不要讓自己和幸福擦肩而過。

別等失去了真心，才知道心若涼了難再暖

別等失去了朋友才知道孤單，
別等失去了親人才知道溫暖，
別等失去了愛人才知道眷戀，
別等失去了緣分，才知道一個轉身就是永遠！
很多感情不能重來，一生只有一回的遇見。
別等失去了時間，才知道遺憾。
別等失去了健康，才知道保健。別等失去了信任，才知道難建。
別等失去了真心，才知道心若涼了難再暖。

時間，帶走的是過客，留下的是眞心

風雨，吹散的是虛情，留下的卻是實意。
順水推舟人人會，患難與共卻很難。
一顆眞心，無需花言巧語，久了總會知道。
一份眞情，無需能說會道，時間讓你看清。
人與人，聚散是緣，生情有因。
有人大聲表白，有人暗自關懷。
愛的方式有千萬種，能檢驗它們的，只有時間。

不要在乎失去了誰，一定要去珍惜剩下的是誰

不是以爲總在一起吃喝玩樂的就是好朋友，
患難與共纔是知己。
這跟見面多少無關，跟有錢沒錢也無關，
可一定跟是否善良、是否眞誠、是否厚道有關。
不要在乎失去了誰，一定要去珍惜剩下的是誰，
因爲留下來的纔是朋友。

清清淡淡的情誼，亦是一種溫暖

都說，時光越老，人心越淡。

這一濃一淡之間，究竟蘊含了多少人生故事。

時日越長，感情越純，這一長一純之間，需要付出多少眞誠與感情。

喜歡越深，距離越遠，這一遠一近之間，又有多少分寸需好好掌握。

時間，讓我們看清了許多人。

時光，讓我們看淡了許多事。

歲月，漸遠了許多萍水相逢。

清清淡淡的情誼，亦是一種溫暖。

別忘了，你的世界我曾經來過

不是每個擦肩而過的人都會相識，
也不是每個相識的人都會讓人牽掛。
至少我們在今生、在茫茫人海中、在遇到彼此的那一刻沒有錯過。
在我們交流的時候，我們找到了自己覺得可以相知的緣分，
偌大的空間裡，能和你相遇眞的不容易。
感謝緣分給了我們這次相遇和相知。
別忘了，你的世界我曾經來過。

你陪我一程，我記你一生

心是一點點換來的，情是一天天處來的，
人生也是一頁頁翻過來的。
一輩子不長，下輩子未必遇見。
假如錯過，也許這輩子就永遠遺憾。
時常惦記，纔是心裡有你。一直陪伴，纔是最眞愛你。
僞裝不出的擔心，是眞誠。掩飾不住的思念，是感情。
不要把暖暖的關心，變成冷冷的寒心。
不要把一直的給予，放下置之不理。
交人，要交眞心。知情，要知感恩。

好好珍惜身邊在乎你的人，因爲下輩子我們不會再相遇

紅塵中，一句我想你，觸動多少人的心靈。

一句捨不得，耽誤了多少人。一句我走了，動了多少人的心。

一句我睏了，我要睡了，又讓多少人失望。

一句忘了吧，抹殺了多少的付出。一句祝福你，包含著多少捨不得。

千世修行，換今世一生爲人。

無債不來，無緣不聚，若無相欠，怎會遇見。

好好珍惜身邊在乎你的人，因爲下輩子我們不會再相遇。

感情沒有模板

感情沒有模板，只要感到心暖。
相處沒有形式，全憑輕鬆自然。
很多時候，有一份懂得，便會溫暖心懷。
生活中，有愛的陪伴，即使苦累，心也甜。
只要說出的話，有人願意聽，就是溫暖。
只要心裡的事，有人願意懂，就是真情。
最深的愛，總是風雨兼程。最濃的情，總是冷暖與共。
最懂的人，纔是最暖的伴。

世界上最幸福的事

大概就是有人與你共黃昏，有人問你粥可溫，
那些深情都是你最美的模樣。
畢竟我們來這世間是爲了尋找美，
相遇的一輩子是這麼短，短到我們剛剛明白珍惜的意義，
可能在下一個路口，又失之交臂。
時光見證著緣，
無論是遇見還是別離，重逢還是擦肩，都是這一生的縈繞。
一期一會，緣來是你。

我喜歡這樣想你

想你了，對不起，我又想你了。
就這麼靜靜地想你，
想知道你在做什麼，想知道你有沒有在想我，
就這麼靜靜地想你，
想知道當你凝視遠方的時候，你的眼前是否劃過我的身影。
就這麼靜靜地想你，
在這個平淡的下雨天，因爲想起了你，雨天變得美麗而憂鬱。
我祈求，祈求這一刻的寧靜、永恆。我喜歡這樣想你，
讓自己的心，有了柔，柔的疼痛和幸福的甜蜜。

愛在生命裡，情在相守中

眞正的緣分，日久生情。眞正的感情，相互包容。

愛在生命裡，情在相守中。

眞正的愛情，懂得珍惜。眞正的友情，一路支撐。

感情，慢慢品纔會懂。人心，細細看才明瞭。

成熟了，就是用微笑來面對一切事情，做人做事無愧於心！

感恩所有的相遇、相知，不要愧對對你好的人，

因爲我們下輩子不一定能遇見。

愛，終在相守中靜靜安暖

緣分，不論早晚。遇見，便是美麗。
牽念，無論遠近。相守，便是溫暖。
總有一次相遇，讓心與心靠近。
總有一次心動，讓魂與魂相依。
情，不在朝暮，用心珍惜，才能長久。
愛，不在嘴邊，知心懂得，才能永遠。
一聲柔柔的問候，便是滿眸的歡喜。
一場靜靜的等待，便是滿懷的詩意。
情，終在相惜中念念不忘。愛，終在相守中靜靜安暖。

人要活得灑脫，愛得深沉

人生是一場又一場的相遇，情感是一次又一次的交融。
此生能夠相遇就是緣分，無須遠近，隨心隨性才能長久。
心存美好，就不會輕易悲傷。心存感動，就會被歲月溫暖。
因爲懂得，心之間不再遙遠，情之間不再相猜，人之間不再冷漠。
因爲懂得，溫柔了一場相遇，明媚了陌上花開，芬芳了指尖流年。
人要心懷感恩，懂得珍惜情感，善待來之不易的緣分。
人要活得灑脫，愛得深沉，感恩生命中相遇的每一個人。

能把你放在心上的人並不多

緣分不是人山人海非要遇見，是睡前醒後彼此想念。
誓言不是每天承諾到永遠，而是兩情相悅默默眷戀。
陪伴不一定時刻，只要危難前與你肩並肩。
感情不一定表白，只要時光裡與你共取暖。
交個有情有義的朋友，你要抓緊抓牢。
有個不離不棄的愛人，你要無比驕傲。
其實在這個世上，能把你放在心上的人並不多，
遇見了，別錯過！擁有了，請珍惜。

茫茫人海，幾人爲你駐足

浮世變遷，誰人爲你等候。
人來人往，又有誰會爲你停留。
有些人走走就散了，任當初邀約而行。
有些情漸漸就淡了，任最初承諾再多。
人有眞假，心有僞劣。
風雨，沉澱了最眞的情。
時間，說明了誰會是眞心。
一次發現或許就能知道，緣有長短，份有多少，
一個轉身或許不再相見。

人生，總有那麼一些遺憾，因爲無能爲力，所以學會釋懷。
活著，總有那麼一些起起落落，因爲無法改變，所以學會隨緣。
不驚不擾裡，逐漸成熟。
無爭無求中，懂得圓潤。
感謝愛你的讓你溫暖，
感謝傷你的讓你成長，
教會你的總要去原諒和看淡。

人海無數，抵不過一個拿眞心對你的人

在生命中若有一個人，以你爲重，爲你遮風檔雨，
能陪你同樂，對你深情，這就是人生最大的幸福！
感情中若有一顆心，知你疲憊，怕你難過，
給你心疼，哄你開心，這就是最眞的愛。
緣分再多，勝不過一份用生命陪同的情。
不管朋友、愛人、情侶，有情有義，才能陪伴一生，
有愛有疼，才能不離不棄。
愛你的人，生怕給你的太少。不愛你的人，就怕你要求太多。

走在光陰的渡口，總會有不斷的邂逅

生命中有許許多多的遇見，
唯有那種懂，是一種靈魂與靈魂的懂得，纔是生命中最美的遇見。
這份懂是帶有無限的愛意，溫暖了時光，感動了歲月。
在光陰的深處，綻放成一朵思念的小紅，深深的植入內心深處，
溫暖了曾經，感動了歲月。

韶華易老，容顏易逝

誰是誰的永遠？誰又是誰的唯一？
人的一生中，
我們總會遇見那麼一個人，
讓你怦然心動。
那麼，如果愛，請深愛。
在愛的世界裡，沒有誰對誰錯，
只有誰不懂得珍惜誰。

流年似水，太過匆匆

情不知所起，一往而深。誓言還在耳邊，眼前已不見伊人。

怎知我用一轉身離開你，竟要用一輩子來忘記。

有人說，誰放了誰的手，誰比誰更難受。

等到回看過往時才發現，原來緣起緣滅都是折磨。

有緣的人，無論相隔千萬之遙，終會聚在一起，攜手紅塵。

無緣的人，縱是近在咫尺，也恍如陌路，無份相逢。

流年似水，太過匆匆，一些故事來不及眞正開始，就被寫成了昨天，

一些人還沒有好好相愛，就成了過客。

緣分的深淺，總是忽近忽遠

人海茫茫，有幾人能走進心房。
歲月很長，有幾人能共度時光。
人來人往，誰人走，誰人留，誰人來去，誰人愁。
花開花落，多少錯過，遺憾終生無法言說；
多少離別，無力挽留，不知所措。
緣分的深淺，總是忽近忽遠，人心的冷暖，總是一直變幻。
曾經相濡以沫，如今相忘江湖。
曾經無話不說，如今再無瓜葛。

人與人，一個緣字，讓多少相遇淡然如風

愛與愛，一個眞字，讓多少付出化夢成空。
情與情，一個心字，讓多少淡漠化爲感動。
愛本無形，憑心感應，心本無憂，牽情一生。
一輩子若有人陪伴，路再長也不覺得苦。
一輩子若有人疼惜，心再累也不覺得怨。
一輩子若有人分擔，事再多也不覺得難。
一輩子若有人理解，人再苦也心甘。一輩子若有人包容，身浸黃蓮心也甜。
人要的就是一個懂、一份愛、一顆心，就是一種重視。

生活中太多緣分讓人感慨，很多遺憾讓人無奈

生活中太多緣分，讓人感慨。生活中很多遺憾，讓人無奈。
每個人有諸多糾結一直無法釋懷，但是，
活著就是一種感動，活著就是一種最美。
愛，沒有一輩子的浪漫，只有一輩子的溫暖。
情，沒有一輩子的纏綿，只有一輩子的陪伴。
不要對愛你的人太過刻薄，
久了，心會累，夢會醒，情會冷，愛會涼。
彼此包容，彼此珍惜吧！只有珍惜，才有永恆。

人這一輩子機遇難同，因緣各異

一帆風順也好，跌宕起伏也罷，平淡普通都是自己的命運。
那些走過的、偶遇的、相逢的、別離的都是唯一。
無論處於何種境地，都不要抱怨世態，
不能放棄底線，不必嫉恨他人。
不貪慾念就少，不嗔心就易平，不求就常知足。
遇上了請珍惜，別過了道珍重。
緣起緣滅，隨緣隨心。

緣分這東西只擁有一次，有些感情過期不候

有一種愛情，
叫今生無緣，卻只能做知己。
生命中有一種愛，
不忍再見，卻只能做紅顏。
知己緣分裡有一種情，
不敢打擾，卻只能去一生惦記。
若不是曾遇見，就不會深深牽掛，就不會相互思念。
若不是曾相愛，就不會默默相依，就不會寂靜歡喜。
這一種今生不在一起的緣分，會一輩子都如影隨形。

你也纔會明白了，生命裡有一種愛叫有緣無分，
也叫無能爲力！
所以，趁我們還活著，還擁有健康，擁有一切的時候，
就一定要好好地珍惜身邊的親情、友情、愛情。
因爲緣分這東西只擁有一次，
有些感情過期不候！

將就什麼都別將就愛，錯過什麼都別錯過眞愛

所謂愛人，就是那個能讓你愛的人。
所謂執手，就是那個固執地牽手不放手的人。
喜歡不是愛，愛卻一定喜歡。
眞愛沒有理由，理由就是眞的愛。
陪伴一世的是一顆心、一種心疼、一份包容、一份篤定不移的執著。
將就什麼都別將就愛，
錯過什麼都別錯過眞愛。
找一個眞正愛的人，纔會有眞正的幸福。

愛一個人，不是一時的珍視，而是一世的珍惜。
風霜雪雨，願意共赴。
困難坎坷，始終不離。
吵吵鬧鬧，總是包容。
感情就是一份疼惜、一份不捨，
眞愛就是一種愛憐、一種甘願，一生何求。
守一份情，從花開到謝幕。得一人心，白首不分離。

這個世界，沒有誰等誰，只有誰不珍惜誰

千萬別把愛你的人弄丟了。
一個人若愛了，會很卑微和敏感。
也許你只是笑了，卻能讓愛你的人高興很久。
也許你只是沈默，卻能讓愛你的人掙扎著過。
別等到煙花冷了，才發現它的燦爛。
別等到花兒謝了，才挽留它的鮮豔。
這個世界，沒有誰等誰，只有誰不珍惜誰，
好好把握那個愛你的人，也許錯過了，就是一輩子！

婚姻有三種，一種叫折磨，一種叫搭夥，一種叫餘生

假如兩個人在一起，天天吵架，沒有理解，只有相互的埋怨，只有一味的爭吵，這種日子只能叫折磨！

假如兩個人在一起，只是爲了生活，而生活中沒有節日，沒有驚喜，沒有感動，沒有關愛，沒有呵護，沒有浪漫，沒有交流，這種日子只能叫搭夥。

懂你、知你、愛你、疼你、保護你，不讓你難過委屈，給你足夠的安全感，這種日子才配的上叫餘生！

兩個人要成爲愛人容易，但要組成家庭卻很難

因爲只靠愛情不能相守一輩子，白頭偕老需要更多東西。
老公不是一種身份，而是一種責任。
老婆不是一種暱稱，而是一種守護。
成爲情侶或許只需愛情，
但要做家人，卻需要兩個人的付出、妥協和堅持。
想要成家，請先有犧牲精神，
夫妻沒有天作之合，只有天天磨合。

古訓家和萬事興，何須終日口不停

家是一塊田，種瓜得瓜，種豆得豆。
種下了挑剔，長出了埋怨。種下了指責，長出了禍根。
種下了理解，收穫了寬容。種下了體諒，收穫了和諧。
一家人過日子，有所遷就，有所包容，纔會有太平。
有的家物質豐厚，卻雞飛狗跳。
有的家並不富有，卻其樂融融。
古訓家和萬事興，何須終日口不停。
珍惜自己小天地，永遠和諧享太平。

越付出愛就越被愛，越捨越多得

夫婦爭輸贏的，最後大部分都離婚了。
夫婦冷漠的，最後大部分都一個人過了。
控制對方經濟的，最後都窮了。不讓對方開心的，最後都病了。
讓著對方的，都得到了一輩子的愛情。
互相哄著的，都收穫了生活的甜蜜。
越付出愛就越被愛，越捨越多得。
夫妻對彼此的態度，就是對世界的態度，不要小看了夫婦。
家和萬事興，齊家治天下。

別人的故事再好，始終容不下你

可以左右你心情的那個人，一定是你最愛的人。
捨不得讓你難過的那個人，一定是最愛你的人。
懂你的眼淚又如何，要看誰爲你擦乾眼淚。
爲其掏心掏肺又如何，要看誰讓你笑的沒心沒肺。
不要把掏心掏肺的愛給了沒心沒肺的人！
不要把時間浪費在一些不三不四，不明不白，不痛不癢的人身上。
生活，有很多種過法，別人的故事再好，始終容不下你。
感情，能把你當成生命中最重要的那個人，才最適合你。

有些緣分雖然失去了，情卻難收

有些傷害雖然看不見，心卻很疼。
如果習慣了不該習慣的習慣，那就是不堪。
如果在乎了不該在乎的在乎，那就是作踐。
不要對無視你的人心軟，更不要向不疼你的人求可憐。
火把倒了，火焰依然向上，錯緣散了，尊嚴必須尚存。
別低頭，王冠會掉。別流淚，他人會笑。
別一廂情願，得不到就不要。做回自己，你行！

不愛你的，拼了命也換不來真心

不心疼你的人，寧願從心裡硬生生挖出來，也別再奢求。
不在意你的心，就算你付出再多癡情，也一樣感動不了。
一個人再好，給你的卻太少，你又何苦依賴依靠。
一個人再不好，能拿你當掌心寶，何不牽手一起到老。
永遠記住，不理你的人，別打擾。不是你的情，別稀罕。
愛你的，你拿命珍惜。不愛你的，拼了命也換不來真心。

很多時候你放過自己，生活才能繼續

破鏡雖能圓，但裂痕是抹不去的傷。
感情雖能回，但感覺就是不一樣。
隔夜的茶不喝，傷胃。離間的情莫追，傷心。
事情過去了，就別胡思亂想。感情走掉了，就別徘徊。
你可以回憶以往，但不能沉迷不醒。
你能夠想念，但不要糾纏不清。
讓過去的都去，讓該來的全來，只要你足夠堅強。
活在昨天的憂傷，就永遠看不到今天的陽光。

把愛留給值得的人，把眞留給懂你的心

不屬於你的一往情深，你要狠心。
不屬於你的相偎相依，你要轉身。
乞討來的感情永遠不值錢，卑微得到的憐憫永遠沒溫暖。
能爲你擋風遮雨的人，絕不會給你風風雨雨。
能讓你依賴依靠的情，絕不會讓你傷心哭泣。
把愛留給值得的人，把眞留給懂你的心。

那些失去的人和感情，就封鎖在美好的瞬間吧

有些人，該忘就忘了吧。
你念念不忘，傷的是自己。
你一直惦記，過得不開心。
你想人家，人家未必想你。
不要浪費了時間和精力，以後總會有更合適的人陪你。
有些事，該忘就忘了吧。
過去的回不來，未來的再繼續。
一直在往事中徘徊，就會忽略了現在的一切。

一直在回憶中傷悲，就沒有辦法高興的面對。
有些感情，該忘就忘了吧。
擁有過，就足以。
不是所有的感情都能得圓滿，
不是所有的情意都能到永遠。
人生路，終歸還是要一個人走，
那些失去的人和感情，就封鎖在美好的瞬間吧。

無論何時，都要有一顆獨立的心

人要低頭做事，更要睜眼看人。
有些人，可遠觀不可近瞧。
有些話，可慢言不可說盡。
擇眞，善人而交。
擇眞，君子而處。
選擇朋友，只是彼此間選擇友好，
而不是選擇某個依靠。
人間的緣，聚聚散散能一直走下去的少之又少。

無論何時，都要有一顆獨立的心，
假如有一天分開，也不會失去自我。
交友需真誠，對事需輕淡，處世需獨立。
人活著，圈子不要太大，容得下自己和朋友就好。
朋友不在於多少，自然隨意就好。
朋友，淡淡交，慢慢處。
感情，淺淺嘗，細細品。

無論天氣怎樣，給自己的世界一片晴朗

一顆心，能容下多少悲喜，光陰就能包容多少曾經。
一份愛，能承載多少善良，生命就能釋放多少溫暖。
若是懂得日升日落，也是一種相守。
若是牽掛花開花謝，亦是一種深情。
無論天氣怎樣，給自己的世界一片晴朗。
不管季節如何，讓自己的內心鳥語花香！
人生懂得珍惜，纔會長久，知道感恩，纔會幸福！

照顧好自己

在乎你的人，你咳了一下，他以爲你感冒了。
不在乎你的人，你死了他還以爲你睡著。
我若喜歡你，你脾氣再大都叫個性。
我若不喜歡你，就算你溫順的像隻貓，我都嫌你掉毛。
所以，不是你不好，只是沒有遇到那個疼你入骨的人，
天氣寒冷還是自己照顧好自己吧。

你不堅強，誰勇敢？

在夜深人靜的時候，人總是最脆弱的。
在寂寞孤獨的時候，人總是渴望關懷的。
心裡有很多話想說，卻不知道對誰開口。
總是控制不住的淚流，卻還要獨自擦掉眼淚。
有時候，會想要得到別人的關心。
有時候，只是想要一個可靠的肩膀。
明明很累了，卻還是默默的撐住，
因爲肩上有太多的責任，有太多愛的人需要守護。

緣起緣滅，都是最好的安排

愛不愛，看感覺。合適不合適，看生活。
談戀愛容易，過日子卻難。
你以爲愛上了就會幸福，但愛上一個人，纔是煩惱的開始。
眞正幸福的日子，從來不是因爲相愛，而是因爲相合。
這世上，最公平的事就是改變，
不管你想要還是不想要，身邊的所有都在改變。
所以不需要爲一些事情的變化、一些人的離開而傷神。
我們能做的很少，無非就是等來的來、等走的走、等留的留。

在感慨人生的無常
讓轉念成為照亮自己的光

人生，總讓人無語

笑的時候，不一定開心，也許是一種無奈；
哭的時候，不一定流淚，也許是一種釋放；
痛的時候，不一定受傷，也許是一種心動。
走過一段路，總想看到一道風景，因爲已經刻骨銘心。
想起一個人，總會流淚，因爲已經融入生命。
唱起一首歌，總會沈默，因爲已經難以釋懷。
風雨人生，淡處在心！

人生，就是半夢半醒

每個人都有睡不著的時候，
不是不想睡，是有太多的糾纏，太多的放不下。
不是不累，而是有太多的苦衷、太多的負累。
心不靜，則意亂，意亂則神迷。
清水無憂，皆因隨性。落葉無憾，皆因心空。
放下所有，夜來賞月，秋來臨風。
人生，就是半夢半醒！

人生，有時像蓮，有時像梅

像蓮時，要出污泥而不染。
像梅時，迎風雪而傲立。
聰明的人要做到不炫耀、不顯露，
這樣纔有能力幹大業做大事。
人生如花，淡者香，
側重於外在美，難免流於俗氣，多注重內在美，方顯雅緻。
對人咄咄逼人，必招怨恨；寬宏大量，常得人心。
人生，從內到外，保持質樸淡雅的氣質，才能悅人悅己。

人生就是經歷不完的酸甜苦辣

其實人生是這樣的，當眼淚掉下來的時候，是眞的累了。
你有你的煩，我有我的難，
人人都有無聲的淚，人人都有難言的苦。忘不了的昨天，
忙不完的今天，想不透的明天，過不完的坎坷，越不過的無奈，
聽不完的謊言，看不透的人心，放不下的牽掛。
經歷不完的酸甜苦辣，這就是人生，這就是生活。

順境逆境，是人生的味道

酸甜苦辣，是餐桌上的味道。
悲歡離合，是生活的味道。
順境逆境，是人生的味道。
美醜氣質，是一個人的味道。
日子也是一種味道，
當我們一起走過生命的溝溝坎坎，
互相理解和包容是一種味道。
當我們歷經塵世的煙火，
被生活薰的煙熏火燎，也是一種味道。

人生在世都是經歷，
更是味道的修煉和集錦。
不管我們經歷怎樣的生活，過怎樣的日子，
都會在這些平凡的日子裡擁有並失去。
人生的味道，就是在這些得失之中沉澱出來的香氣，
歷練出來的成熟，還有被光陰的無常逼出來的堅強。

時光濃淡相宜，人心遠近相安

人生，是一個車站，進來了，出去了。
昨天，是一道風景，看見了，模糊了。
時間，是一個過客，記住了，遺忘了。
生活，是一個漏斗，得到了，失去了。
情誼，是一桌宴席，熱了，冷了。

有些人似荷，只能遠觀。
有些人如茶，可以咀嚼。
有些人像風，不必在意。
有些人是樹，值得依靠。

每人都有喜歡的生活，沒有人是自己的全集。
時光濃淡相宜，人心遠近相安。
人生就是八個字，
喜怒哀樂酸甜苦辣，
在八個字裡頭，喜樂和甜只佔三個，
看透就好！

生命，在前行中頓悟，在歷練中成熟

生活的滋味，酸甜苦辣鹹。
人生的色彩，赤橙黃綠青藍紫。
歲月若水，走過才知深淺，生命如歌，唱響方品心音。
給自己一片天空，無論風雨，勇敢飛翔。
給自己一抹微笑，無論得失，從容灑脫。
泊一盞心燈，默默領悟，撫一曲絲絃，靜靜傾聽。
葱葱歲月，悠然前行。
生命，在前行中頓悟，在歷練中成熟。

有一種痛不是揮手別離，而是別離後的忘記

碎了一地的諾言，拼湊不回的昨天。
深淺不一的印記，付之一笑的回憶。
是你諷刺了我的執著？還是我蒼白了你的諾言？
是時光蒼老了容顏？還是風花改變了誓言？
有些人、有些事，該忘就忘了吧，
人家從沒把你放心裡過，你又何必自作多情。
願你走過的路皆可回首，願在外遠行的你總有人念，
願孤獨一人的你終有眞心相伴。
願在歲月面前，萬事不擾，往事不成空。

不論聚合、離別，都是一份美麗

人生就是這樣，執手相逢，揮手別離，來來往往，聚散離合。
站在時光的彼岸，遙望遐想，茫茫天際，芸芸衆生。
不論相逢、相識，都是一種緣分。不論聚合、離別，都是一份美麗。
生命的歲月裡，只要有過凝視、回望，就是一種幸運。
用淡然之心看待得失，心情是輕鬆的。
用堅定之心執守原則，生活是充實的。
不管歲月如何變遷，只要認眞的活著，只要用心的惜著，
一切淡然靜默，就是無悔，纔是最美！

心若芬芳，紅塵纔會無恙

人生，風霜雪雨都要經歷，不論磨難幾何，都要好好的生活。
酸甜苦辣都要品嚐，不論澀鹹幾味，都要好好的過。
想要的，努力去爭取。擁有的，加倍來珍惜。要忘的，時間會幫你。
自己的情緒自己去控制，自己的心情自己來調理。
只要懂得健康是第一，生命中的負累，就沒有什麼不可以捨棄。
只因，生命中有份熱情，站在窗外是一道風景，立在窗內亦是靜美時光。
一個人，一顆心，一種精彩，也值得張揚。
心若芬芳，紅塵纔會無恙，如此纔不算辜負時光。

人生就像一本難以讀懂的書

有時候，感覺人生就像一本難以讀懂的書。
初讀沒有感覺，再讀有點苦澀，讀三遍則讀出了香濃。
反覆讀，才發現，人生原來酸甜苦辣，百味俱全。
經歷多了，自然就品出味道來了。
不同的人生有不同的味道，不同的人生有不同的意義！
也許一生，就是一句話。
也許一段經歷，就是一個章節，一次嘆息，一種結局。
這本書，其實只有自己能讀懂。

過去之於我們，是一本曲折起伏的書

或歡笑，或淚水，
只是情節已被書寫無法改變，
但未來卻是一隻萬花筒，
擁有無盡的色彩和無數的組合。
不沉湎於過去，不空談未來。
不論在何處，
願你把握現在鼓起勇氣，
探索未來的每一種可能。

一本好書是一個朋友，一個朋友更是一本好書

世界是一個大舞臺，
每個人都是一本書。
一本好書是一個朋友，
一個朋友更是一本好書。
書有多少種，朋友就有多少類。
有的書裝幀精美，有的書樸實無華，
有的書只短短幾章，有的書則洋洋灑灑，
有的書教我們生活，有的書教我們做人，

有的書給我們一時歡愉，
有的書讓我們終生受益，
有的書激盪感情，
有的書催人奮進……。
不管哪本書，
讀到最後總有這樣或那樣一句濃縮的話，
足以在我們意志最薄弱的時候，
支撐起人生。

用心靈感應文字，用文字記錄思緒

偶爾會翻看自己曾經的分享記錄，
有些言辭已然陌生，或許是時過境遷，
再也書寫不出那時的感悟，再也複述不出彼時的絮語。
時間，可以隔開一切，
在那些文字中，已咀嚼出光陰與情感的味道。
時間，可以改變一切，阻斷之前的某些記憶。
文字是生活中的寫真，也是生命的見證者，是生活的復讀機。
用心靈感應文字，用文字記錄思緒，永不停息！

做好自己手裡的事，卻也不要忘了最初的想法

學會勉勵自己，去體會這件事帶來的感悟。
不要讓心靈麻木，像機器一樣的工作著。
閒下來的時光，聽聽輕音樂，讓神經舒緩下。
翻一翻書卷，感受直通心靈的那抹淡香。
打一通電話，與朋友或者家人分享心情。
給一點溫暖的文字，留一個清澈的自己在字裡行間守望。
要使自己的生命獲得價值和炫彩，
要學會放寬視野，做智者、仁者、勇者。

人生的路，悲喜都要走

天上下雨地上滑，自己滑倒自己爬。
每個人的路都得自己走，累不累只有自己知道。
每個人的淚都得自己擦，苦不苦，心知道。
不是所有的傷痛都能說，忍久了也就習慣了。
不是所有的委屈都能傾訴，想通了也就釋然了。
不言不語，不是不說，只是不想說。
無聲無息，不是無心，只是沒人懂。
有苦，自我釋放。有樂，欣然品嚐。
人生的路，悲喜都要走，只有經歷了纔有真正的懂得。

做人就像做酒

好酒需要陳放，人也要學會沉澱。
人生輸輸贏贏，或得或失，每一寸光陰都承載著悲喜。
學會沉澱，
沉澱閱歷形成智慧，沉澱情感豐滿心靈，沉澱心情換取寧靜。
沉澱，不是消沉，是在寧靜中找到屬於自己的位置。
做人就像做酒，像陳釀的酒，
不浮躁、不焦慮，靜待時機，開瓶綻香。

有時候，人活著眞累

嘴在硬，眼淚卻在投降。
因爲用心了所以傷心，
笑在臉上，傷痕卻在心上。
有些情緒是不能說的，
痛而不言，是擔心影響了別人的心情，
笑而不語，卻又憋屈著自己的心靈。
僞裝的笑容下，有多少隱藏的心痛。
岔開了話題時，又有多少的言不由衷。
因爲善良，所以選擇原諒。

一直在嘴上逞強，心卻沒那麼堅強。
總是爲別人著想，卻要獨自去療傷。
其實，
常常笑的人，最需要人疼，
默默承受的心，最需要人懂。

我討厭酒的味道，卻愛上醉的感覺

喝酒是一種感情的宣泄，偶爾喝醉是一種心靈上的解壓。

有人說，不用香水的女人，是沒有味道的女人，

不會喝酒的人就是不解風情之人。

其實人愛上的不是酒，而是端起酒杯的瞬間。

將心事一點點的融入酒中，喝下的不僅是酒，

是一點開心，一點傷感，一點回憶，一點哀愁，一些想念，

和一些無法對別人訴說的故事。

把愉快和不愉快的事情融入酒裡，我乾了，你隨意。

做人的九大底線

可以忍受貧窮不能背叛人格。可以追求財富不能揮霍無度。

可以發表歧見不能搬弄是非。可以不做善人不能爲非作歹。

可以不做君子不能去做小人。可以容忍邋遢不能容忍頹廢。

可以沒有學位不能沒有品位。可以風流倜儻不能縱慾無度。

可以不說感謝不能不懂感恩。

人活著總有你看不慣的事，也有看不慣你的人

知人而不評人，是聰明人的良善。

當你看清了一個人而不揭穿，你就懂得了原諒的意義；

討厭一個人而不翻臉，你就懂得了至極的尊重。

茶不過兩種姿態，浮、沉。飲茶人不過兩種姿勢，拿起、放下。

人生如茶，沉時坦然，浮時淡然，拿得起也需要放得下。

有時候，你選擇了低頭，不是因爲你輸了，而是因爲你懂了。

做好自己人生，因緣而聚，因情而暖。

你再聰明，也不可能事事都能看透

你再智慧，也不可能人人都能看懂。
你再豁達，也不可能沒有生活煩惱。
你再淡泊，也不可能沒有人生慾望。
人生，哪能事事如意。生活，哪能樣樣順心。
很多人，都不被我們認同。
很多事，都不由我們做主。
很多時候，我們是在得得失失中，才得以成長；
在跌跌絆絆中，才學會了生活。

生活，別人只看結果，自己獨撐過程

一輩子真的好難，走走停停，可是卻走不出明天，停不到昨天。
每當別人問起自己過得好不好時，都會努力擺出微笑說還好吧，
其實好不好只有自己最明白。
有些事，註定只能藏在心底。
生活，別人只看結果，自己獨撐過程。
身累、心累，但所有的累，只能一笑而過，
不管你是誰，這就是人生。

人生貴在一個「耐」字，要承受得住

耐冷，事態炎涼，要隨遇而安，坦然處之。
耐苦，面對苦難，百折不撓，終有雲開日出時。
耐躁，心靜如水，不爲錢、權利所累，笑看雲捲雲舒。
耐煩，宰相肚裡能撐船，他人氣我我不氣。
耐忙，有點忙碌是個福，免得無聊。
耐辱，受點誹謗也是福，免得驕傲。

世俗煩惱處，要耐得下

世事紛憂處，要閒得下。胸懷牽纏處，要割得下。
境地濃豔處，要淡得下。意氣忿怒處，要降得下。
處於世俗煩惱，要能忍耐。處於世事紛擾，要能清閒。
處於失意憤怒，要能穩定情緒。
處於濃豔境地，要能淡然處之。
胸中牽掛處，要能拋得開。

讓一步是心，退一步是情

謙讓是靈魂，忍讓是心胸。

好多的時候，我們之所以贏得進步，就在於我們的謙讓。

許多的時候，我們處世不驚，就在於我們忍讓的心胸。

謙讓似水，看似無形，卻時時佔據著有利地形。

忍讓似草，看似渺小，卻處處點綴了大地的風景。

盛氣凌人不算能人，凌強欺弱不是才能。

待人最宜謙遜，處事最應寬鬆。

謙讓，忍讓，是人生的至純。

忍一時風平浪靜，退一步海闊天空。

生活是自己的，幸福、快樂無人饋贈

我們爲了生活往來匆忙，爲了生活奔波不停。
痛了、累了，人之常情。
來往中，人與人免不了摩擦受傷。奔波中，免不了流汗流淚。
遇到的人，走了散了，全憑緣份。
付出的情，是喜是悲，全看人心。
昨天的太陽，涼不乾今日的衣裳。過往的人事，決定不了明天的命運。
生活從來都是自己的，幸福、快樂無人饋贈。
心若平和，生活才會穩定。心若放晴，何懼外來風雨！

你怎樣看待生活，生活就怎樣回應你

感恩是最強大的正能量。
天有陰晴，月有圓缺，人有禍福。
你怎樣看待生活，生活就怎樣回應你。
少一些抱怨，它只會使你墮落。
多一些感恩，它能使你昂揚。
天是衆人的，它不會只把雨點灑落在你的身上。
心中只有陰霾，陽光也會被遮擋；
心中多一些陽光，陰霾遲早要散開！

活著，把你生命中寶貴的內在價值體現出來

不要虛擲你的黃金時代，
不要去傾聽枯燥乏味的東西，
不要設法挽留無望的失敗，
不要把你的生命獻給無知、平庸和低俗。
這些都是我們時代病態的目標，虛假的理想。
活著，把你生命中寶貴的內在價值體現出來。

人心本無累，累的是放不下的太多

生活本不苦，苦的是慾望過多。
人生就是慾望和所求的不斷減少的過程。
命運的深層次意義，就是要學會放棄和迴歸，
放棄一切浮躁喧囂，迴歸內心的安寧。
人生，學會沉澱。
沉澱，不是消沉，
是用一顆淡然的心審視浮躁，
是在寧靜中找到屬於自己的位置。

世上沒有不快樂的人，只有不肯讓自己快樂的心

現實看淡了，悲傷骨感。
人情看淡了，煩惱不塡。
緣分看淡了，隨心聚散。
是非看淡了，計較變淺。
成敗看淡了，順心自然。
得失看淡了，自在坦然。
其實眞正幸福的標準無需理由，
很簡單，只要笑容比眼淚多，你就找對人了。

老天爺是最公平的主宰，
不會虧待誰的付出，也不會偏愛誰的懶惰。
時間是最清晰的證據，
不會疏忽誰的眞摯，也不會饒恕誰的詭計。
這一生只要認眞做人，踏實做事，
誠心待人，敞亮處世，內心無愧，
就活得無怨無悔。

事如風，不過一陣子，無論是繁是簡都會過去

人心之煩，煩在計較。
人生之苦，苦在執著。
人生之難，難在放下。
生活中，在意什麼，什麼就會折磨你；
計較什麼，什麼就會困擾你。
縱使天大的事，用順其自然的心態去面對時，
就會發現其實沒什麼，只是自己想的太複雜而已。
事如風，不過一陣子，無論是繁是簡都會過去。

學一種豁達、一種灑脫，
看淡了，是非曲直也就無所謂了；
放下了，成敗得失也就那麼回事。
昨天無論好壞，都已經過去。
明天無論成敗，還沒來到。
今天無論得失，都要面對，
這就是日子。

沒有過不去的事情，只有過不去的心情

人生每一段路，只要還有不甘心，它就還沒有走到盡頭。
跌倒了，就重新站起來，繼續向前走，傻坐在地上是沒用的。
人生有兩條路，一條需要用心走，叫做夢想；
一條需要用腳走，叫做現實。
沒有過不去的事情，只有過不去的心情。
把心情變一變，世界就完全不同。
我們無法攬住流雲，無法留住落花，無法攬住時光，
但是我們永遠要相信春天，相信希望。

從開始哭看經歷，到現在笑看懂得

每個人都活得不容易，不論男人女人。
滿身疲憊，卻有卸不下的壓力，一肚子苦衷，也有不能說的時候。
每個人都渴望，哭了，有人慰；累了，有人依；
苦了，有人疼；久了，有人憶；遠了，有人牵。
但每個人都明白，生活，要自己忙；苦累，要自己扛；
淚水，要自己擦；風雨，要自己擋；滋味，要自己嘗。
從開始哭看經歷，到現在笑看懂得，
人生給了你什麼樣的感悟，只有你自己最清楚。

世界很大，個人很小

人一輩子都在忙著、累著、奔波著，
不論多苦，「事」還是沒做完。
一輩子都在省著錢，還是沒存夠。
一輩子都在忍著、讓著、怕著，不論多聰明，「虧」還是沒少吃。
一輩子都在覺醒中，不論多淡定，遺憾還是有。
世界很大，個人很小，沒有必要把一些情看得那麼重。
別爲難自己，一輩子那麼短，何苦呢？

別和自己過不去，因爲一切都會過去

別和往事過不去，因爲它就已經過去。
別和現實過不去，因爲你還要過下去。
看淡一點，時間會沖淡一切。
不要把所有的情感都看得那麼眞切，那都是暫時的緣分。
不要把所有的傷感都向他人傾訴，影響大家的情趣，
別人也無法代替你，感受自己承擔了，很快就會過去。
過去了是門，過不去的是坎。

在無情的世界裡，深情地活著

人生的修行，就是不斷完善自己，使自己能夠超越更多人事。
超越了，也就看淡了，看淡了，苦就沒了。
人生最大的善果，不是超越某人或某事，而是超越自己的狹隘和無知。
在無情的世界裡，深情地活著。
快樂很簡單，人生有兩個字，叫放下。
放下、放下，放下一切執著，沒有什麼是你必須擁有的。
風吹葉動，都是心動。
修行這條路，一定要有信心，堅心纔有結果。

不能總是爲了情面，而委屈自己

人，越能幹就越累，越懂事越沒有人心疼，

越明事理越沒人把你當回事，即便再堅強、付出再多，也沒人懂你，

因爲他們知道，再大的困難，你都能扛過去。

時間讓你學會遷就很多人、很多事，然而有些人卻習慣了你的遷就，

如果人沒有脾氣，沒有性格，那就會寵壞了身邊的人。

不能總是爲了情面，而委屈自己。

往往是會哭的孩子才有糖吃，這段話很經典，

送給委屈著自己卻一臉陽光的人們。

放不下別人，放不下自己

閉上眼睛好好地想想，
自己是不是因爲心浮氣燥而搞砸過很多事？
是不是常常被環境、被人所影響？
是不是常常爲了小事生氣，不放過自己？
心裡放不下別人，是沒有慈悲，
心裡放不下自己，是沒有智慧。
懂得以智慧、慈悲來處理問題，心裡就不會經常打結。

有時臉上有笑容，未必心裡沒苦衷

每個人的心中，都會裝著不願說出來的心酸和無奈。

有些事不能說，也不能想，卻又不能放。

有時臉上有笑容，未必心裡沒苦衷。

別人不能體會，不能感受，僞裝的深，是因爲沒有人能看得穿。

嘴上說沒事，未必心裡眞沒事。

難不難過都是自己過，傷不傷心都是一顆心。

傷痕再深，也要掩埋心中。其實，承受太多的人，最需要人疼。

堅強太久的人，最需要人懂。

煩事天天有，貴在心放寬

活在人世間，人人都說煩。上邊有長輩，下有兒女纏。
出則忙事業，入則思三餐。冒尖遭人妒，窩囊被人嫌。
權大惡夢多，無權辦事難。錢多思淫慾，錢少受貧寒。
坎坷人生路，何時走得完。煩必傷身體，無端蝕本錢。
人生幾多時，也就幾十年。煩事天天有，貴在心放寬。
世間許多事，誰人能做完。與其煩著過，不如順自然。
放下並隨緣，靜心學學禪。換種方式看，雨天也燦爛。

人生，就是一次跋涉，只有前行，沒有退卻

歲月，就是一種磨礪，只有堅毅，沒有怯懦。
風雨，就是一種滄桑，只有無悔，沒有悲嘆。
無需言語，一個微笑，就是一道最美的風景。
一聲輕喚，就是一句最美的表達。
一滴眼淚，也許就是一種最美的情懷。
不離開，因爲心在。不放棄，因爲愛在。
不停滯，因爲路在，前景就在！

人生沒有假設，當下即是全部

何必用一顆不平的心，作踐了自己，傷害了歲月。
背不動的，放下了。傷不起的，看淡了。
想不通的，不想了。恨不過的，撫平了。
生活中，
不妨養成「能有，很好。沒有，也沒關係」的習慣，
便能轉苦爲樂。

我們在苦樂中摔打，在哭笑中磨鍊

生活本苦裡有樂，哭裡含笑。
沒誰一直上，沒誰永遠下。
我們在苦樂中摔打，在哭笑中磨鍊。
有時，無需語言表述，而要靜心玩味吟詠。
人生的境界，不在你釋放什麼，而是你嚥下多少。
碧海雲天，笑在自然。
人的一生酸甜苦辣，吃了那才叫人生。

過得好是精彩，過不好是經歷

生氣時，我就繞著自己的房子和土地跑三圈，
我邊跑邊想，
自己的房子這麼小，土地這麼少，
哪有時間和精力去跟別人生氣呢？
一想到這裡，我的氣就消了，
也就有了更多的時間和精力來工作和學習了。
人的一生，豈能盡如人意，
但求無愧我心。
人生苦短，

好不好都不必遺憾，
樂不樂都不要失望。
過得好是精彩，過不好是經歷。
人生在世，一輩子並不長，
只要你盡過心、用過情，
也就不必遺憾，更不必悔恨。

精彩的人生，都是堅強和堅持換來的！

面對生活，每個人都很不易。

太陽升起，就要拼力爭取，深夜無眠，還要想著明天怎麼繼續。

肩上的責任，是生存的難題。心中的壓抑，又是不能說的委屈。

風雨以後，彩虹是倔強的美麗。脆弱過後，堅強是唯一的選擇。

做人不易，卻又不能放棄。

生活不易，更需要堅持的勇氣。

經歷的滄桑，只能幫我們修煉一顆淡泊而無恙的心

人生剛開始，一個字，盼。

盼長大，盼成熟，盼實現所有的宏願，盼自己擁有的更多更好。

人生過程中，一個字，累。

想要的得不到，得到的非己願。看別人得到的容易，輪到自己卻收穫寥稀，經常是身心俱疲。

人生到最後，一個字，淡。再好的東西，終是要失去。

經歷的滄桑，只能幫我們修煉一顆淡泊而無恙的心。

有些事情，盡心就是完滿

人生，不是總如意。生活，不是都稱心。事業，不是永輝煌。前行，總會遇溝坎。路不通時，學會拐彎。結不開時，學會忘記。事難做時，學會放下。緣漸遠時，選擇隨意。

有些回憶，記起便是溫暖。有些美麗，入目就是風景。有些傷痛，放下就是釋然。有些糾結，想開就能舒坦。有些事情，盡心就是完滿。

保持一個好心態去面對纔是正道

讓你煩惱的人，是來幫你的。讓你痛苦的人，是來渡你的。
讓你怨恨的人，是你生命的貴人。讓你討厭的人，是助你成長的。
他們都是你自己的不同側面，是另一個你自己。
相反，你喜歡深愛的事物，常給你製造痛苦、帶來煩惱，
它們是你的影子，讓你總也抓不住。
因此，保持一個好心態去面對纔是正道。

學會獨自欣賞，散發自己的芬芳

人人有所短，人人有所長。

人再厲害，也不會風光永遠，你再窩囊，也有靈光一閃。

不要看輕自己，你的特長，別人沒有，

也不要盲目的去仰慕別人。

堅持自己的原則，做好自己的事。

把眞誠送給懂得回報的人，把寬容讓給知道感恩的人。

學會堅強，給自己鼓掌。學會堅持，給自己力量。

學會獨自欣賞，散發自己的芬芳。

記得爲自己鼓掌，爲自己喝彩

世界是個絢麗的舞臺，每個人都是主角，演繹著自己的故事。
或許，你的故事並不精彩也不成功，
但要記得爲自己鼓掌，爲自己喝彩。
於千萬人中，你不是最出衆的，但一定是最獨特的；
你不是最優秀的，但一定是最努力的。
如果做不到事事圓滿，就做到事事盡心，
如果做不到出人頭地，就做最好的自己。
人的魅力不在於完美，而在於氣度。
活著的意義不在於成功，而在於一生無悔。

苦樂離合留一顆佛心，花開花落留一份珍重

用一顆瀏覽的心，看待人生童年的天真、少年的癡狂、青春的浪漫，這些都是人生中的風情與風景。

隨著時光的流逝，這些人生的得與失，名與利都會逐漸逝去，唯有心中那些美好的回憶，才是人生最美麗的風景。

苦樂離合，留一顆佛心，花開花落，留一份珍重！

一路走過，一路安然，

一路喜樂，一路花香，一路走向幸福！

用簡單的心境，對待複雜的人生

簡單，是清水滌心的純淨，是心素如簡的恬淡，
是隨遇而安的人生態度。
用簡單的心境，對待複雜的人生，方能淡看得失，從容入世，
瀟灑自如，撥開迷霧，擁抱晴天。
心變得簡單了，世界也就簡單了，快樂便會生成。
學會簡單可以擺脫世事喧囂，任潮起潮落，世事煩擾，我自安然。
不以物喜，不以己悲。簡單不簡單，不簡單簡單。

活得眞實點，活得簡單些

嚐盡人間百味，還是淸淡最美。
看過人生繁華，還是平淡最眞。
生活可以很複雜，也可以很簡單，
關鍵在於我們用什麼樣的心態去看待它。
平淡並不可怕，可怕的是帶著面具，活在虛榮的夢幻裡。
活得眞實點，活得簡單些。對就對了，錯就錯了，
愛就愛了，恨就恨了，笑就笑了，哭就哭了。
不虛僞，不做作。

安住「當下」

在生活中的每一個當下，都把注意力放在自己的呼吸上，
能夠眞實的感受到自己正在活著。
不管是做飯、洗菜、幹活、如廁還是走路，
總之，只要是做事情，就馬上觀照自己的呼吸，
並且要讓自己的臉上永遠掛著溫馨的微笑，
讓心中充滿慈愛與安詳。
這個訓練，這就是修行。
安住「當下」，即爲解脫。

放開執念，順其自然

很多人不是你留，就能留住。
很多事不是你想，就能做到。
很多物不是你要，就能得到。
不要把什麼都看得那麼重，
人生最怕什麼都想計較，卻又什麼都抓不牢。
失去的風景，走散的人，等不來的渴望，
全都住在緣分的盡頭。
何必太執著，該來的自然來，要走的留不住。
放開執念，順其自然。

榮華花間露，富貴草上霜

人這一輩子，無非就是個過程，
生不帶來，死不帶去。
榮華花間露，富貴草上霜。
得意些什麼？失意些什麼？
順其自然，隨遇而安，
如行雲般自在，像流水般灑脫，纔是人生應有的態度。
人生在世，幸也好，不幸也好，都是過去。
只有放下，才能輕鬆前行。

花謝芳不敗，心靜人自在

風雨中，把頭抬起。輝煌中，把心放低。
無論何時何地，苦難和眼淚都只是生命的一個插曲，
彩虹總在風雨後，心中若有桃花源，何處不是水雲間？
優雅的人生，是用一顆平靜的心，一種平和的心態，
一種平淡的活法，滋養出來的從容和恬淡。
人生的風景，到最後是心靈的風景。
花謝芳不敗，心靜人自在。

若流年有愛，就心隨花開

世上只有一件東西，能始終經受住人生風雨的衝擊：「一顆寧靜的心」。

做人，要努力得到的，不是呼風喚雨的能力，而是淡看風雲的胸懷。

留一份淡然給自己，生命自會雲淡風輕。

人世間的東西，一半是不值得爭的，一半是不需要爭的。

若晴天和日，就靜賞閒雲。若雨落敲窗，就且聽風聲。

若流年有愛，就心隨花開。若時光逝卻，就珍存過往。

不管何時、何地、何境，保持一顆寧靜的心，

都是一種美好的生活狀態。

看一段人生的浮華，懂一場平淡的春秋

生命是一個花開花落、漸行漸遠的過程。
我們今天所謂的經歷，只不過是旅途當中的一半，
剩下的一半充滿著未知、充滿著艱辛，同樣也充滿著希望。
人生的力量很渺小，但一個人精神所潛在的力量，絕對無可估量。
人生只有帶著這些力量與智慧融合，纔會創造一段又一段的傳奇。
給你一個風景如畫的美好，看一段人生的浮華，懂一場平淡的春秋。
只有當千般走過，雨落一場，
我們纔不得不承認，原來這就是人生。

靜靜看，淡淡行

生活要的是一點點悟透，順其自然纔有道。
生命要的是一點點超脫，寧靜淡泊而致遠。
人生過不去的是心情，還不了的是人情。
人生百年彈指間，潮起潮落是一天。
世界上沒有絕對，也沒有永恆。
現實生活中，有人哭，有人笑，有人沈默。
有緣則聚，無緣則散。
煮一壺雲水，走一生流年，靜靜看，淡淡行，
珍惜自己身邊的一切。

看淡了，是非曲直也就無所謂了

人心之煩，煩在計較。人生之苦，苦在執著。人生之難，難在放下。

生活中，你在意什麼，什麼就會折磨你。

你計較什麼，什麼就會困擾你。

縱使天大的事，當你用順其自然的心態去面對時，

就會發現其實沒什麼，只是自己想的太複雜而已。

事如風，不過一陣子，無論是繁是簡都會過去。

學一種豁達，一種灑脫。

看淡了，是非曲直也就無所謂了。

放下了，成敗得失也就那麼回事。

看開，纔有快樂

人心，貴再豁達，貴在容納，貴在平和。不氣不急，纔夠大度。
不焦不燥，纔夠從容。不悲不憂，纔夠堅強。不惆不悵，纔夠陽光。
不嫉不妒，纔夠優秀。不攀不比，纔夠幸福。不計不較，纔夠快樂。
爲人在世一個「笑」字，笑對名譽，不爭；
笑對邪財，不取；笑對生活，不求；笑對波折，不惱；
笑對權貴，不卑；笑對人生，無拘；笑對得失，無憂。
不要爲難自己，一輩子、一瞬間，看開，纔有快樂！

轉眼無常，珍惜擁有

原諒一個人是容易的，但是要再次信任，就沒那麼容易。
暖一顆心需要很多年，涼一顆心只要一瞬間。
你來，我熱情相擁。
你走，我坦然放手。
不屬於自己的東西，別想。
不是眞心給的東西，別要。
時間在變，人也會變，
有些事不管如何努力，回不去就是回不去。
很多時候，被誤會，也不想去解釋。

信與不信，就在一念之間。
懂我的人，何必解釋。
相處時，請一定要珍惜。
轉身時，請一定要優雅。
揮別時，請一定要微笑。
因爲一轉身，可能一輩子也不會再相見了！

望萬物容萬物，能進退而知進退

人生，逆境時忍耐，順境時收斂，
得意時看淡，失意時隨緣。
無事心不空，有事心不亂，
大事心不畏，小事心不漫。
做人如山，望萬物容萬物，
做人似水，能進退而知進退。
留點好處讓別人佔，留點道路讓別人走，留點時間讓自己思考。
聰明人懂得乘風而上，大智人知道適可而止。

緣深多聚聚，緣淺隨它去

人生，不過一杯茶！

滿也好，少也好，爭個什麼。濃也好，淡也好，自有味道。

急也好，緩也好，那又如何。暖也好，冷也好，相視一笑。

我們都是天地的過客，很多事情，我們都做不了主。

人生，看輕看淡多少，痛苦就離你遠去多少，一切隨緣。

緣深多聚聚，緣淺隨它去。

人人都怕自己不清醒，希望自己心明如鏡。

其實人生不過一杯茶！何必太清醒？

多珍惜眼前的，現在擁有的，好好活在當下。

人生短短幾十年，時間很快就過去了

不要錯過後，再來後悔。
不要失去後，才知道要珍惜。
不要讓自己的一生，過得充滿遺憾。
把握今生，不要期待來世。
後悔無用，活得充實，人生纔不會留下遺憾。
累了，把心靠岸。選擇了，就不要後悔。
苦了，才懂得滿足。痛了，纔是享受生活。
傷了，才明白堅強的理由！

在歲月裡，做一個懂得歲月的人吧

歲月兩個字，有點纏綿，有點靜好，有點奼紫嫣紅，又有點簡單素白。
歲月相比光陰，有了更長更遠的意味，也就可以擁有生活的五味雜陳。
那一點酸，一點甜，一點苦，一點辣，一點鹹，都成了歲月的味道。
在歲月裡，做一個懂得歲月的人吧！
把它捧在手裡，放在心上，慢慢地讀，慢慢地解其中的滋味。
因爲歲月雖已老，心依然年輕！

生活其實沒啥事，一輩子也就這回事

有能力時，就做點大事。沒能力時，就做點小事。
有權力，就做點好事。沒權力，就做點實事。
有餘錢，就做點善事。沒有錢，就做點家務事。
動得了，就多做點事。動不了，就回憶開心的事。
我們肯定會做錯事，但要儘量避免做傻事，
堅決不要做壞事。
生活其實沒啥事，一輩子也就這回事！

拜佛，不是彎下身體，而是放下傲慢

吃素，不是清口禁慾，而是心懷慈悲。
唸佛，不是累積數字，而是清淨心地。
合掌，不是雙手作秀，而是恭敬萬物。
禪定，不是長坐不起，而是心無罣礙。
歡喜，不是顏面和樂，而是心境舒展。
清靜，不是摒棄慾望，而是心地無私。
佈施，不是花錢買功，而是捨棄貪慾。
信佛，不是求佛保佑，而是踐行無我。
法喜充滿，明心見性，智慧如海！

適時地彎下腰，纔是人生大智慧

在人生路上，不是所有的門都很寬闊，
有的門需要你彎腰側身才進得去。
所以，必要時要能夠彎得下自己的腰，
纔可能在人生路上暢通無阻。
抬頭需要底氣，彎腰需要勇氣。
每個人的生存空間都是有限的，
一味高昂著頭，必然要碰得頭破血流。
能夠適時地彎下腰，纔是人生大智慧。

放下過去，讓心歸零

一段路，走了很久，依然看不到希望，那就改變方向。
一件事，想了很久，依然糾結於心，那就選擇放下。
一些人，交了很久，卻感覺不到真誠，那就選擇離開。
一種活法，堅持了很久，依然感覺不到快樂，那就選擇改變。
走得太急，腳累。想得太多，心累。要求太高，難免會失落。
追求太多，難免不知所措。放下過去，讓心歸零。
世間沒什麼事是放不下的。
人活著，要的就是一份自在和灑脫。

修得胸中雅量，蓄得一生幸福

生命，每個人只有一次，或長或短。
生活，每個人都在繼續，或悲或歡。
人生，每個人都在旅途，或起或伏。
有些人，你不須計較，計較會煩。
有些事，你不必在意，在意會累。
委屈了，默默無語，
誤解了，微微一笑。
想的淺一點，看的淡一點。
守好心，走好路。

珍惜最眞的情感，感受最近的幸福，享受最美的心情。
不抱怨，不言苦，不憂傷，不認輸。
人無完人，事無完美。
俯身去做事，用心去做人。
寬闊心懷，豁達人生。
修得胸中雅量，蓄得一生幸福。

及早解脫，便能及早重新開始

儘管內心清楚那木已成舟，
卻依然戀戀不捨地回望等待，
期盼著奇蹟就此發生在自己身上。
循環往復，最終是一次次懊悔自己由此錯失的種種，
卻一次次導致更加的不甘心，
越加冗長地回頭、等待，耗盡好韶光。
殊不知人生在世總要放手，
及早的解脫，便能及早的重新開始。

內心平和，才能在心裡裝下滿滿的幸福

平和的人看得開、放得下、想得明白、過得灑脫。

能容，能忍，能讓，能原諒，平心靜氣。

一個人若思想通透了，行事就會通達，內心就會通泰，

有慾而不執著於慾，有求而不拘泥於求。

活得灑脫，活得自在，活得平和。

心底踏實安詳，雲過天更藍，船行水更幽。

永遠不要為失去而遺憾

過去的就讓它過去，不要再糾纏，更不要去後悔。
曾經的日子如同凋零的落葉，不可能再回到原來的位置。
什麼都記在心裡，會讓你的背囊越來越沉，
只有拋棄那些不必要的負累，你才能走得更遠。
你沒有摘到的，只是春天的一朵花，然整個春天還是你的。
只有放過曾經，才能享受當下。

一切都是最好的安排

有些事不管我們願意不願意，都要發生。
有些人不論喜歡不喜歡，都要面對。
人生中遇到的所有事和人，都不是以我們的意志爲轉移。
喜歡也好，不喜歡也罷，
該來的會來，該到的會到，沒有選擇，無法逃避。
我們能做的就是面對、接受、處理、放下，
一切都是最好的安排。

在尋找幸福的秘訣

讓轉念成為照亮自己的光

人活著，其實有許多事情無法言說

有時走的太遠，往往忘記了回路。
有時候看的太清，往往惹來不必要的煩惱和困惑。
有時候想的太多，往往失去了自我。

生活，如一面鏡子，
心中有便有，心中無便靜，心中空便悟。
學會微笑，學會面對，學會放下。
讓一切隨心、隨意、隨緣。

人生就是一個飽經滄桑的過程

春夏秋冬，風水輪流，
揪不住的時光，銜不住的歲月，
不論是榮華富貴，還是一貧如洗，
最後都會兩手空空離開這個世界。
所以看淡、看開、想通一切。
清靜之中見眞情，淡泊之中識本然，
逆境之中求生存，平安健康纔是根本！

人不快樂，因爲想要的太多

光腳的人羨慕穿鞋的人，而忘了還有沒有腳的人。
計較太多會抱怨，貪婪太多會困惑，
虛榮太多會迷失，強求太多會疲憊。
貪婪的人一心謀私從不感恩，故不會知足，
唯有感恩的人懂得知足。
人生短暫，何苦自尋煩惱。
艱辛曲折是必然，凡事順其自然。得之淡然，失之坦然。
現實地去活，自有心安，知足地去樂，自有晴天。
知足讓人快樂，感恩讓人幸福！

有一種幸福叫做隨遇而安

時光輕轉，流年翩然，幾重歲月，微笑淺淡。
本來無心，卻又憂心，一片心語黃粱夢，萬世流年萬骨枯。
光陰荏苒，日月如梭，看似無常卻有常。
其實生活並沒有我們想象中的那樣美好，
也沒有想象中的那樣差。
當秋雨催熟了果實，日曆翻出了白髮，
也許你會明白，有一種幸福叫做隨遇而安。

幸福就如一瓶普通的礦泉水

你第一次喝的時候，沒什麼感覺，和其他的一樣。
但是當你嘗過酸甜苦辣鹹各種滋味之後，再來喝一口礦泉水，
你會感慨這就是幸福的感覺。
幸福很簡單，你一開始就擁有，而你並不知道。
等到你走過很遠之後，回頭才發現，幸福很簡單，
只是一瓶礦泉水的味道。

人生在世，不必患得患失，無須錙珠必較

時間是公正的，
你得到的是你應有的一份，你失去的是你不該得到的一份。
昨天的故事，是今天的營養。
塞翁失馬，焉知非福。
得之坦然，失之泰然，隨性而往，隨遇而安。
一切隨緣，是最豁達而明智的人生態度。

看淡過往，心向未來

人生在世有很多事情分不出對錯，
道不清究竟想要定個輸贏，其實大可不必。
人活一輩子，不必計較太多，
心的空間是有限的，
如果裝滿了瑣碎的小事，就容不下別處的美景了。
看淡過往，心向未來。
讓自己的心靜下來，才能看到更廣闊的世界。
如要計較，什麼事都可以計較，
若是想開，什麼事都不是事。

不沉迷過去，不狂熱地期待著未來

不管我們走到生命的哪一個階段，
都應該喜歡那一段時光，完成那一階段該完成的職責。
不沉迷過去，不狂熱地期待著未來，生命這樣就好。
中年如秋，有著繁華落盡一樣的淡泊，
生活哪有那麼多轟轟烈烈，都歸於一粥一飯的平淡。
從年少的看遠到中年的看寬，從鮮衣怒馬到寵辱不驚，
歲月終是不可返，簡單才快樂，平淡才真實。

人生，原來就是一個懂字

世界很大，個人很小，
沒有必要把一些事情看得那麼重要。
痛疼傷心誰都會有，
生活的過程中，總有不幸，也總有傷心。
就像日落花衰，有些事你越是在乎，痛的就越厲害。
放開了，看淡了，慢慢就淡化了。
只是我們總是事後才明白，
懂生活很難，會生活更難。

讓希望同風一起遠行

學會把痛苦放到雲上，讓它和雲一起去流浪，
拍拍手，唱一曲歌，也許心情會輕鬆了許多別想太多。
生命很重，所以生活要輕，
生命很脆弱，所以心靈要堅強。
記住，努力就會有希望，陽光總會在前方。
明天的一切雖不可知，
但沿途你會遇到許多美麗的風景！

人生其實並不缺少快樂，缺少的只是感受快樂的心情

若要快樂，就要隨和，若要幸福，就要隨緣。
快樂是心的愉悅，幸福是心的滿足。
快樂其實很簡單，有人說快樂是春天的鮮花，夏天的綠蔭，秋天的野果，冬天的漫天飛雪。
其實，快樂就在我們身邊，
一個會心的微笑，一次真誠的握手，一次傾心的交談，
就是一種快樂無比的事情。

你的幸福不在別人眼裡，而在自己心裡

看起來幸福的人，心裡也許有難言的苦。
時常微笑的人，心裡也許有無聲的淚。
炫耀生活的人，可能遠沒表面那麼風光。
一個人的幸福，只有自己懂得生活的快樂。
所以，不要跟自己過不去，不要糾結於別人的評說，
照著自己舒服的感覺生活。幸福如人飲水，冷暖自知。
你的幸福，不在別人眼裡，而在自己心裡。

幸福是用來感覺的，而不是用來比較的

生活是用來經營的，而不是用來計較的。
感情是用來維繫的，而不是用來考驗的。
愛人是用來疼愛的，而不是用來傷害的。
金錢是用來付出的，而不是用來衡量的。
謊言是用來擊破的，而不是用來粉飾的。
信任是用來沉澱的，而不是用來挑戰的。

沒事早點睡，有空多掙錢，好好愛自己

中規中矩活著也好，放蕩不羈活著也罷，早晨同樣會到來。
無論發生什麼，太陽總是東昇西落。
所以不要在意那些無聊的瑣事，
也別拿精力去費心揣測一個人。
沒事早點睡，有空多掙錢，好好愛自己，
纔是終生浪漫的開始。
累了，就放下過去，讓心歸零。
往後餘生，願做眞實的自己，過想要的生活。

生活不是擂臺，不必決一勝負

鞋子再漂亮，不合腳也別要勉強穿上，只會傷了自己。
生活從來沒有完美二字，只有適合自己，纔是最好的。
生活不是擂臺，不必決一勝負。
有錢，把日子過好，沒錢，把心情過好。
每個人有每個人的生活，別只看到他人的風光，也有背後的辛酸。
生活有時像飲水，冷暖自知。
無需太冷，無需太熱，溫度適合自己就好。

生活像一面鏡子，
微笑是面對生活最好的樣子

讓這個世界燦爛的不是陽光，而是你的微笑。
開心了就笑，不開心了就過會兒再笑，
不管生活多苦，都要笑著面對人生之路。
走走停停是一種閒適，邊走邊看是一種優雅，邊走邊忘是一種豁達。
不論生活有多少挫折，請用嘴角上揚的弧度打敗它。
因爲春風十里不如微笑的你。
此後，不爲往事擾，餘生只願笑。

幸福是自己的，永遠不要拿別人來做參照

活著，要麼深沉，要麼有趣，要麼安靜。
不要總是糾結，因爲人人都是矛盾的，
渴望被理解，又害怕被看穿。
努力做一個識趣的人，這樣就不會爲難別人，也不會讓自己難堪。
無論什麼事情，只要心甘情願，就會變得簡單。
值得記住的一句話：
幸福是自己的，永遠不要拿別人來做參照。

人生路，一邊行走一邊領悟

能夠把活著的每一天走好，
給自己一份舒暢的心情，給他人一抹陽光的笑意，也是給予生命的尊重。
快樂就像閒暇時的一杯茶，品的是一份安逸，喝下去的是舒心。
幸福就是飢渴時潤心的一杯清水，喝下去的是平淡，贏取的是感激。
生活就是這樣，你少了一份挑剔，
你就多了一份心安，多了一份理解，就贏得一份默契。

負能量少一點，正能量就會多一點

這個世界太多精彩，太多誘惑，太多無奈，太多情非得已。
畢竟，歲月在延長，而生命在縮短。
樂觀多一些，才能活的輕鬆。
悲傷少一點，快樂就能多一點。
負能量少一點，正能量就會多一點。
慾望少一點，知足的感覺就會多一點。
要求少一點，幸福的感覺纔會多一點。

學會寬容，方能幸福

人生沒有圓滿，是寬容的心彌補了那些缺憾。
生活總有磕絆，是寬容的心溫暖了歲月裡的心寒。
寬容是一道仁愛的光芒，
是對別人的釋懷，也是對自己的善待。
寬容讓守望得到圓滿，
讓悲傷停止蔓延，讓疲憊的心靈得以靠岸。
寬容是一種豁達，寬容別人，就是寬恕自己。

用善良、愛心感染生活

有些事不管我們願意不願意，都要發生；
有些人不論喜歡不喜歡，都要面對。
人生中遇到的所有事和人，都不是以我們的意志爲轉移。
喜歡也好，不喜歡也罷，
該來的會來，該到的會到，沒有選擇，無法逃避。
我們能做的就是面對、接受、處理、放下，
調整好自己內心，用善良、愛心感染生活，感染人生！

生活就是一幅畫

有的人畫出了春的生機，夏的綠蔭，秋的收穫，冬的希望。
而有的人卻畫出了春的紛擾，夏的焦躁，秋的淒涼，冬的孤寂。
人生，每一個季節都會有鮮花綻放，有花開就會有花落。
人的一生是五彩繽紛的，生活也是靠自己去點綴的。
生活的色彩如何，取決於你自己的生活態度。
不管是怎樣的生活，開心一天過，不開心也要過，
不如開開心心過好每一天。

心情是一條河，它的狀態取決於它的深度

深水沉靜，淺水喧譁。
心量太小，小石頭也能激起浪花。
心大了，才能容得下暗藏的礁石。
心若計較，再少的利益也有爭處。
心若放開，再大的好處也有讓的餘地。
壞心情，是爭出來的，好心情，是讓出來的。
想開，看淡，自然微笑。

心如蓮花，人生就會一路芬芳

我們常常迷失在自己的心路上。
不如別人時，會心生嫉妒，失去從容。
發生意外時，會心生慌張，失去鎮定。
痛失親人時，會失去理智，心生絕望。
只有內心安靜祥和，纔不會被外界所左右。
心如蓮花，在安靜的歲月裡面露微笑，
摒棄內心的掙扎邪念和虛榮，活得瀟脫自在。

人心靜了，才能真正做生活的主人

一燈能破千年暗，一智能滅萬年愚。
一個人不但要有知識，更要有智慧，
因爲智慧可以帶給我們光明，我們的心平靜了，它就能生智慧。
靜能生慧，智慧如水，圓潤通融。
古人云「天地間，眞滋味，唯靜者，能嘗得出」，
萬物靜觀皆自得，水靜下來纔會淸澈，才能映照世界，人心也是如此。
只有人心靜了，人才能眞正做生活的主人，細細品味生活。

人生的戲，重要的是自己是否快樂開心

人生的戲，全憑自己盡情去演繹，
人生的味，全憑自己細細去體會。
人生就是一場戲，開始的開始，我們哭著來，親人笑著迎，
後來的後來，我們笑著去，親人哭著送，
只留下中間的戲，讓我們盡情去演繹。
演戲的是自己，開心的是自己，傷心的是自己，
笑的是自己，哭的是自己，痛的還是自己。
人生的戲，精彩與否不重要，重要的是自己是否快樂開心。

心情不好時，經常問自己，你有什麼想不通？

有什麼看不慣？如果你覺得不愉快了，就看看窗外，有無限的風光，看看廣闊無垠的天空，也學晴天不關門。人生沒有絕望，只有想不通。人生沒有盡頭，只有看不透。新念何必理舊夢，一朝一夕皆來生。轉個念就是希望，回個頭就是來生。

輕鬆地對待自己，微笑著對待生活

人生是條無名的河，是深是淺都要過。
人生是杯無色的茶，是苦是甜都要喝。
人生是首無畏的歌，是高是低都要和。
願大家都能輕鬆地對待自己，微笑著對待生活！
還要學會一點人生的哲學，
別人的缺點不要去宣揚和放大，
自己的優點不要天天去欣賞和歡呼。

別讓自己太辛苦

有些話說起來簡單，有些事做起來卻難。
有些路看上去平坦，走過去卻滿是溝坎。
有些道理，講起來頭頭是道，做起來卻處處艱難。
每個人的生命之中，
都有一些令人唏噓的空白，
都有一段令人遺憾的歲月，
都有一則令人回味的故事。
想不通的，懂得看開。
悟不透的，懂得釋懷。

背不動的，懂的卸載。
走不通的，懂的拐彎。
別讓自己太辛苦，這個世界充滿了無奈，
不管怎樣的努力，總會有歡樂，有悲哀。
只有在平凡中，尋找眞實的自我。
在平淡中，領略簡單的幸福。

我們已是自己最美的風景

人生的旅途上，有些風景看一眼便畢生難忘，有些人見一次便驚豔一生。
這世界風景總是不斷，在最深的紅塵裡生活，
那些出色的人，美妙的事，總讓我覺得自己黯然失色。
但即便如此，也不必羨慕別人，
仰望別人自卑失落，要始終相信，自己亦是風景。
世上有不絕的風景，我有不老的心情。
當我們眞正放開自己，面對自己，
以一顆活潑的平常心看世間風景，我們已是自己最美的風景。

笑在臉上，笑也在心上

人要有一顆乾淨的心，無論相貌，無論著裝，心的通透是最美的。
不分貧富，不分高低，心的善良是最貴的。
身處俗世，卻不被俗世所染。
笑在臉上，笑也在心上。
對人幾分真，便會換取幾分心。
用情幾多誠，就會收穫幾多永恆。
眼睛純淨，才能看見美麗的風景。心靈乾淨，才能擁有純粹的感情。
一個人的心，就是一個人的世界，一個人的一切！

我們都想簡單，但活著活著就複雜了

有所珍惜，纔有所眞心。有所懂得，纔有所值得。

我們都想簡單，但活著活著就複雜了。

我們都想快樂，但過著過著就難過了。

有時，不是你非要多想，是經驗讓你謹慎；

也不是你想要流淚，是生活讓你難受。

眞正的美麗，不是青春的容顏，而是綻放的心靈

樂觀的人，因爲有笑容，而忘了怨。
悲觀的人，因爲只會怨，而忘了笑。
眞正的美麗，不是青春的容顏，而是綻放的心靈。
有些事別問別人爲什麼，多問自己憑什麼。
凡事都從自己尋找原因，不爲失敗怪別人。
永遠懷著感恩的心面對他人，
即使對方傷害了你，也能找到感恩的點，展現笑容，積極樂觀。

帶上自己的陽光，照亮內心的迷茫

一朵花開到哪裡都是芬芳，一粒種子落到哪裡都會生長，
一縷陽光灑向哪裡都是溫暖。
這世上每個人都有每個人的位置，
都有該去的地方，該經歷的人和事。
光陰輾轉，歲月變遷，年年歲歲花相似，歲歲年年人不同，
總會有不可言說的憂傷。
學會適應，接受一切不完美。
學會取捨，懂得放下，生命纔會風輕雲淡。

人生有兩件事最難得，知足與感恩

知足會讓你看到別人的優點，
擁有平和的心態，收穫充實的生活。
感恩會讓你懂得尊重和包容，
增長人生的智慧，獲得他人的認可。
茫茫人海，匆匆旅途，重要的從來都不是結果。
做一個感恩並知足的人，用陽光的心態面對生活，
生活也會充滿陽光！

感激一切使你成長的人

感激傷害你的人，因爲他磨練了你的心態。
感激絆倒你的人，因爲他強化了你的雙腿。
感激欺騙你的人，因爲他增進了你的智慧。
感激蔑視你的人，因爲他覺醒了你的自尊。
感激遺棄你的人，因爲他教會了你該獨立。
凡事感激，學會感激。

人生走對了路，每段都是精彩的

做對了事，每件都是開心的。
愛對了人，每天都是幸福的。
山有山的高度，水有水的深度，
沒必要攀比，每個人都有自己的長處。
你認爲快樂的，就去尋找。你認爲値得的，就去守候。
你認爲幸福的，就去珍惜。
沒有不被評說的事，沒有不被猜測的人。
做最眞實、最漂亮的自己，依心而行，無憾今生。
人生一條路，走自己的路。

因爲看淡，所以幸福

人生是盤棋，輸贏不定。
生活是場戲，哭笑不得。
生命是段距離，長短不一。
人生，哪能事事如意。
生活，哪能樣樣順心。
很多人都不被我們認同，
很多事都不由我們做主。
不和小人較眞，因爲不值得。
不和往事較眞，因爲沒價值。
學會自律，懂得自尊，擁有自信，

下好自己的棋，演好自己的角色。
健康的活著，平淡的過著，
眞實的愛著，樂此不疲的忙著，
就是一種充實，就是一種富有。
因爲善良，所以寬容。
因爲責任，所以承擔。
因爲看輕，所以快樂。
因爲看淡，所以幸福。

心煩是自己的，不是別人的

人的一生，沒有誰事事得意，處處風光。
有些路，不想走也得走下去。
有些事，不想做也得做下去。
有些情，再捨不得也要放下去，哪怕心裡再苦。
生活，總是在最難的時候綻放美麗，
當一扇窗關閉的時候，
另一扇窗已經悄然打開。
歲月如茶，有濃有淡。
生命如席，有酸有甜。

簡單做人，率性而爲。
把握分寸，隨遇而安。
做人做事，
看透是一種領悟，看淡是一種財富。
手抓得越緊，累的就越多。
心放得越寬，快樂也就越多。
學會放下，人生才更精彩。

是我的跑不掉，不是我的搶不來

做個無爭的人挺好，不喜歡爭搶，
信奉是我的跑不掉，不是我的搶不來。
一群人喧鬧我負責微笑，不大喜也不大悲，
世間僅此一次，所以從從容容隨遇而安，不被別人打亂節奏。
進能傾聽他人想法，退能思考自己生活。
欣賞他人，你很好，我也不賴。
你有大世界，我有小生活。如此甚好，從容而行。

心無所求，便不受萬象牽絆

人生的旅程，必是有所飽嘗、有所奉獻、有所失、有所得、有所忍耐、有所等待，有所沉澱積累，而最終中又得以釋放。

流光溢彩的神韻與氣魄，擁抱一顆陽光的心態。

得失了無憂，來去都隨緣。心無所求，便不受萬象牽絆。

心無牽絆，坐也從容，行也從容，故生優雅。

心態對了，一切不是問題

人的生活不可能事事順利，
日子不一定風平浪靜。
人生在世，總有不如願的時候。
經歷不順不是壞事，至少督促我們成長。
困難不是黴運，它教會我們堅強。
失去並不可怕，它讓我們懂得珍惜。
人生在世，別活得太委屈、太疲憊。
累了就歇，困了就睡，
心煩的時候就找朋友傾訴，

沒有什麼過不去的坎，
沒有什麼扛不住的事。
有時候讓我們煩惱的不是事情本身，
而是我們的心態。
心態對了，一切不是問題。
心情好了，時刻都有好運氣。

心情不是人生的全部，卻能左右人生的全部

心情好，什麼都好，心情不好，一切都亂了。
我們常常不是輸給了別人，
而是壞心情影響了我們的形象，
降低了我們的能力，擾亂了我們的思維，
從而輸給了自己。
控制好心情，生活纔會處處祥和。
好的心態塑造好心情，好心情塑造最出色的自己。
別讓人生，輸給了心情！

生命匆匆，請善待自己

重新審視腳下的道路，重新調整自己的心態，
選擇更適合自己的生活和方向，
堅定不移地走，堅強勇敢地衝。
人，其實不需要太多的東西，
只要健康的活著，真誠的愛著，也不失爲一種富有。
心小了，小事就大了。心大了，大事都小了。
看淡世間滄桑，內心安然無恙。
心大，才能容萬事。樂觀，才能少煩惱。

小草不和大樹比高矮

做一個知足常樂的人，
小草不和大樹比高矮，
你有你廣闊的天，我有我遼闊的地。
做人不和別人比生活，
你有你疲憊的追求，我有我平常的快樂。
這一生，怎麼活都是活。
這一世，哪樣過都是過。
攀比的心，讓人失去快樂。
嫉妒的心，讓人增添憤怒。

簡單的心，讓人減少煩惱。
知足的心，讓人享受幸福。
該是你的，不爭不求也會擁有；
不是你的，百般攔阻也會溜走。
任何人、任何事，盡力就好，努力就夠。
不必讓身體太過辛苦，
不必讓心靈裝滿難過。

人，是活給自己看的

別奢望人人都懂你，別要求事事都如意。
苦累中，懂得安慰自己。沒人心疼，也要堅強。
沒人鼓掌，也要飛翔。沒人欣賞，也要芬芳。

生活，沒有模板，
只需心燈一盞——
煩時，找找樂，別丟了幸福；
忙時，偷偷閒，別丟了健康；
累時，停停手，別丟了快樂。

只要一口氣在，就有希望

聰明的人，總是在尋找好心情，
喜歡在沈默中聽一首歌，在流年裡看一場戲。
一粥一飯有暖涼，一朝一夕有煩擾，
一交一往有嗔怨，一求一取有得失。
我們總會在經歷中懂得，在坎坷中展望，在獨處中得到昇華。
只要一口氣在，就有希望。

誰都是一張白紙，是字是畫取決你自己

人的痛苦不是因爲別人做了什麼，而是自己計較了什麼。
心之所以累，是因爲總盯著別人的言行舉止而忘記了自己。
好好做自己該做的事，走自己該走的路，過自己該過的生活。
不要把自己的過，說成別人的錯。
不要把心裡不平衡，說成社會的不公平。
人來到這個世界，誰都是一張白紙，是字是畫取決你自己。
知道感恩回愛，纔會開心自在。

人生的快樂，是走自己的路、看自己的景

人生的要義，一是欣賞沿途的風景，二是抵達遙遠的終點。
人生的祕訣，尋找一種最適合自己的速度，
莫因疾進而不堪重荷，莫因遲緩而空耗生命。
人生的快樂，走自己的路，看自己的景，
超越他人不得意，他人超越不失志。

內心亮堂，生活便處處充滿希望

生活的好壞，並不完全來自於物質生活的富足或貧瘠，
更取決於我們對待它的態度和心境。
心若計較，處處都有怨言。心若放寬，時時都是春天。
心寬一寸，路寬一丈。若不是心寬似海，哪有人生的風平浪靜。
一個熱愛生活、心態積極的人，總是能夠看到事物好的一面，
就會少一些怨天尤人，少一些負面情緒。
心中灰暗，你的世界便黯淡無光。
內心亮堂，生活便處處充滿希望。

人生最大的幸福

人，一張嘴管住健康，閉掉事非。

一雙眼看好自己，看清他人。一雙耳聽正義聲，堵謠言語。

一雙手創造幸福，助人之難。一顆心眞誠感恩，包容萬物。

一雙腳走盡春秋，踏遍天涯。

清清楚楚，明明白白，快快樂樂，開開心心，高高興興，

平平安安，健健康康，不留遺憾，

無悔人生才是最大的幸福。

人活著，最重要的就是心情

我們活在這個世上，雖不能十全十美，也無法樣樣如意。

做人要敢於面對，要敢於承擔責任。

你可以輸，不可以哭。你可以敗，不可以求。

人活著，最重要的就是心情。

開心才能發現美好，高興才能擁抱快樂，微笑才能更愛生活。

輸什麼，都不能輸了笑容。沒什麼，都不能沒了微笑。

微笑，能給人帶去溫暖。微笑，能緩解疲憊。微笑，能撫平傷痕。

被人誤解時，淡然一笑，不必解釋太多，有些事不要放在心上。

生活需要遊戲，但不能遊戲人生

生活需要歌舞，但不能醉生夢死。
生活需要藝術，但不能投機取巧。
生活需要勇氣，但不能魯莽蠻幹。
生活需要重覆，但不能重蹈覆轍。
知足常樂者有福，活在當下者有福，不斤斤計較者有福，
少氣多閒者有福，遇事想得開者有福，自得其樂者有福，
享受生活者有福，心態簡單者有福！

人生沒有輸贏，只要走好每一步就是無憾的人生

生活，是生下來，活下去。
百變的生活，如一的命，
不管走哪條路，是自己的選擇。
堅持順著這條路走下去，
你會發現路旁的風景很美，
生活也會在不經意間變換，越變越好。
人的心，什麼都裝時叫心靈，
裝一點時叫心眼，

裝的多時叫心計，
裝得更多時叫心機，
裝的太多時叫心事，
裝得再多時叫心病。
健康，是最高的利益。
滿足，是最好的財產。
信賴，最佳的緣分。
心安，最大的幸福。
人生沒有輸贏之分，
只要走好每一步，
就成就了無憾的人生。

若不是心寬似海，哪有人生的風平浪靜？

人活一世，最重要的是心靈的安穩和平靜，
何必跟自己過不去？
心寬一寸，路寬一丈。若不是心寬似海，哪有人生的風平浪靜？
有些事不管我們願意不願意，都要發生，
有些人不論喜歡不喜歡，都要面對。
該來的會來，該到的會到，沒有選擇，無法逃避。
我們能做的就是面對、接受、處理、放下，調整好自己內心，
用善良、愛心感染生活，感染人生。

丟失是一種獲得

我們每天都在經歷，每天都在成長。

因爲善良，所以寬容。因爲責任，所以承擔。

因爲看輕，所以快樂。因爲看淡，所以幸福。

因爲某種理由，所以願意妥協。

有時候，看淡是一種幸福，簡單是一種奢求，

丟失是一種獲得，放下是一種能力，屋寬心更寬。

痛苦的根源在於你的執著

什麼是執著?
就是你太在意你的感受,你總想抓住不屬於你的東西,
你總想留住跟你不同路的人,你總想別人會跟你一樣的付出。
結果事與願違,該失去的終究失去了,該離開的終究離開了。
一切皆空性,放下的好。優雅之人心如止水,波瀾而不驚。

有些東西我們可以不爭

人以爲得到卽幸福，於是苦苦追逐，
殊不知擁有再多，也抵不過身心的平安與健康。
以爲風景在遠方，於是風塵奔波，
殊不知再美的風景，也抵不過家園的寧靜與祥和。
其實，有些東西我們可以不爭。
給生活一份自然、一份豁達、一份了無的心境。
讓心返樸歸眞，讓日子安然恬淡，讓人生從容優雅。
回首一眸，眞不必捨近求遠。

善待自己，努力活成自己喜歡的樣子

在變老的路上，我們增長的是年齡，不變的是心態。
在變老的路上，善待自己，忘記所有的煩惱，
用樂觀的心態面對生活，用寬闊的心胸善待他人。
不計較，不抱怨，開心過好每一天。
在變老的路上，善待自己，努力活成自己喜歡的樣子。
不用在意別人的眼光，不必在乎別人的議論。
活給自己看，才能笑得燦爛。

活得有趣，纔是生命的正能量

在有趣的事情上多浪費一些時光，
不要讓忙碌淹沒了生命中的美好。
畢竟人活一輩子，不過是「開心」二字。
心之所向，無問西東。

生活不容易，
對活得有趣的人來說，生活是不斷破牆而出的過程。
對無趣的人來說，生活是在爲自己築起一道一道的圍牆。
你今天活得有趣了嗎？

其實幸福很簡單

不能只顧一路前行，而忽略了美麗的風景。
不能去幻想那些縹緲的虛無，而忘記了身邊觸手可得的幸福。
一生中，有太多的追逐，而往往是身在福中不知福。
其實幸福很簡單，有一個燦爛的笑容，有一個健康的身體，
能夠自由的呼吸，還能做自己喜歡的事，
人生的幸運，也莫過於此。

每天給自己一個希望，試著不爲明天而煩惱

不爲昨天而嘆息，只爲今天更美好。
試著用希望迎接朝霞，用笑聲送走餘輝，用快樂塗滿每個夜晚。
那麼，我們的每一天將會生活得更充實，並且也將活得更瀟灑。
只要我們不忘每天給自己一個希望，
就一定能夠擁有一個豐富多彩的人生，
也一定能活出精彩的自我。

生命就像一場旅行

不必在乎目的地，在乎的應是沿途的風景，以及看風景的心情。
一路上，我們經歷著歲月流失，冬去春來，四季交替。
日出是希望，日落是收穫，日出日落我一樣珍惜！
如果走累了，就讓我們置身於山水之間，使疲憊的身心得以放鬆，
這樣我們才能時時擁有溫暖快樂的心情，擁有從容淡定的心境。
面對紅塵路上的紛紛擾擾，靜觀人生百態。
追溯歲月與心相會，感悟美好，一路前行。

塞翁失馬，焉知非福

以淡然的心態看世界，人生纔會多些快樂。
人生苦非苦，樂非樂。一念苦，一念樂。
看重則苦，看輕則樂。
得與失本來就不是絕對的。塞翁失馬，焉知非福。
淡看得與失，一切順其自然。
快樂的人，修煉了一份淡然的心態，一切隨緣。
不爲難自己，不勉強他人，不和世界對立，
不爭自然平安無慾，當然淸閒心寬可享安樂。

大膽走出去迎接風霜雨雪的洗禮

人只要不失去方向，就不會失去自己。
人生是很累的，
就算你現在不累，你以後只會更累。
人生也是很苦的，
就算你現在不苦，那以後一樣也會更苦。
趁著年輕，我們應該大膽的走出去，去迎接風霜雨雪的洗禮，
練就一顆忍耐、豁達、睿智的心，幸福纔會來。

但願所有的負擔都變成禮物，所受的苦都能照亮未來的路

在生活的磨礪下，每個人都有傷疤，在歲月面前，每個人都是弱者。
每個人都會有痛苦或迷茫，但這痛，是生命賜給我們的禮物。
痛過之後，纔會更加珍惜快樂與幸福。
感謝那些傷疤，感謝那些坎坷，
是它們教會了你，如何與這個世界和平相處。
但願所有的負擔都變成禮物，所受的苦都能照亮未來的路。

一輩子，需要的就是隨性

人生，何必扭扭捏捏，何苦畏首畏尾。
哭，就暢快淋漓。笑，就隨心所欲。
玩，就敞開胸懷。勞累，聽聽音樂。
傷心，侃侃心情。失敗，從頭再來。
一輩子，需要的就是隨性。
只要我喜歡，又有何不可。

即使輸掉了一切，也不要輸掉微笑

當你覺得處處不如人時不要自卑，記得你只是平凡人。

當別人忽略你時不要傷心，

每個人都有自己的生活，誰都不可能一直陪你。

當你看到別人在笑時，不要以爲世界上只有你一個人在傷心，

其實別人只是比你會掩飾。

當你很無助時可以哭，但哭過後必須要振作起來，

即使輸掉了一切，也不要輸掉微笑。

心寬一寸，受益三分

心寬路就寬，心窄路就窄。

不爭，自然能得到人們的尊崇。能忍則忍，一忍百安。

即使一切都失去了，只要一息尚存，就沒有理由絕望。

我們或許改變不了環境，但可以改變自己。

改變不了過去，但可以把握現在。

不能樣樣順利，但可以事事盡心。

不能選擇容貌，但可以展現笑容。

歲月不長，別把自己愧對

心情是自己的，心靈是自己的，別輕易去鑽那些牛角尖。
很多東西，是你的，不必爭，不是你的，別去爭。
何必瞎拆騰，命運不會偏向誰。
很多感情，是你的，不用留，不是你的，不能留。
何必太執著，緣來坦誠相待，緣去坦然對待。
人生很短，別把自己虧待。歲月不長，別把自己愧對。
該吃吃、該喝喝，破事別往心裡擱，
該玩玩、該樂樂，切記要好好的活著。

人生的路上，我們都在奔跑

我們總在趕超一些人，也總在被一些人超越。
人生的祕訣，就是尋找一種最適合自己的速度。
莫因急進而不堪重荷，莫因遲緩而空耗生命。
人生的快樂，是去走自己的路，看自己的景。
人生一輩子，總在不停地尋尋覓覓。
而尋覓的最終目標，只不過是想要尋找到一個可以安放心靈的聖地。
若能將心穩妥的安放，便心靜如水，不起一絲微瀾。

生命的豐盈，緣於我們內心的無私

人的一生，註定要經歷很多。
可能有開心的笑聲，可能有委屈的淚水，可能有成功的自信，
也可能有失敗的警醒。
但無論怎樣，我們所經歷的每一段都註定珍貴。
生命的豐盈，緣於我們內心的無私。
生活的美好，緣於擁有一顆平常心。
人生路不必雕琢，只要踏踏實實做事，簡簡單單做人就好。
簡單人生，幸福生活。

每個人都希望快樂，卻總也找不到快樂

原因很簡單，我們都很自私。
每天想的都是我，我想、我要、我喜歡、我不能、我……。
做任何事總把自己放在第一位，
這種在我們看來很順理成章的行爲，那恰恰是引發痛苦的根源。
爲自己謀求一切的心有多迫切，隨之而來的痛苦就會有多重，
所以要放下那個我。

不管經歷如何坎坷，人生都要保留一份眞，活好一顆心

我們都想簡單，但活著活著就複雜了。
我們都想快樂，但過著過著就難過了。
誰不願一生充滿希望，只見陽光，不寫悲傷；
誰不想一生純粹到底，只有坦蕩，沒有彷徨。
生活，一次碰壁，一次清醒。感情，一回心痛，一回看輕。
不管經歷如何坎坷，人生都要保留一份眞，活好一顆心。
心香，四季清香。

學會轉換角度，才能在百態的心境裡，看到百變的風景

生活的過程裡，
我們常常渴望人生的旅途上春暖花開，
常常渴望自己的目光只爲美景而醉。
可是更多的時候，
人卻總是一路希望，一路迷茫。
其實，天下所有的風景，
都是因爲懂得欣賞才變得美麗，
而懂得欣賞的目光，

始終都是來自心底的美麗。
在歲月的長河裡，
人只有學會適時調節自己，
學會隨時改變認知，
學會即時轉換角度，
才能在百態的心境裡，看到百變的風景。

學會知足，心要學會簡單

人，一知足就快樂，一簡單就幸福。
要知道人生沒有完美，幸福沒有滿分。
以一顆平常心面對瑣碎，懂得該珍惜的珍惜，該放棄的放棄。
讓自己過得充實、快樂、健康、安穩。
多一些寬容，多一些大度，
不求轟轟烈烈，只求安安心心。
簡簡單單過好每一天，儘量少留遺憾。

微笑是人類最好的語言

微笑，無色，卻能讓世界色彩斑斕；
無味，卻能芳香滿人間；
無形，卻改造著世間萬物，撫慰人間冷暖。
別人給你微笑，你也可以送出你的微笑，
沒有比微笑來得更容易了。
只要你不吝嗇，一個微笑可以帶來一次幸福的感受，
一個微笑可以化解一場誤會。
今天你微笑了嗎？

擁有當中就有失去，缺失當中也會獲取

其實，一個人快不快樂，完全在他自己，世上根本沒有完美的人生。
其實一切都是守衡的。
就像世上有窮人，就有富人。有快樂，就有憂傷。有晴天，就有陰天。
擁有當中就有失去，缺失當中也會獲取。
何必去追求那種完美呢？
要學會自己找快樂，沒有必要活得太累。
有時侯要學會遺忘，快樂的空間越多，煩惱的空間就越少！

隨緣，知足，人生旅途纔會充滿幸福

人生就像坐火車，車到中途上上下下是常事，

多少人彼此擦肩而過，之後便老死不相往來。

只有知心朋友和愛你的人，一直陪你走向人生的最後一站。

不要太多憂鬱，不要太多在乎，眞正值得你在乎的人事總在你的左右。

人生的火車到一站看一處風景，不知不覺已是終點站。

隨緣，知足，人生旅途纔會充滿幸福。

依心而行，無憾今生

人生，走對了路，每段都是精彩的；
做對了事，每件都是開心的；
愛對了人，每天都是幸福的。
山有山的高度，水有水的深度，沒必要攀比。
你認爲快樂的，就去尋找。你認爲値得的，就去守候。
你認爲幸福的，就去珍惜。
依心而行，無憾今生。
人生，走自己的路，做最眞實、最漂亮的自己。

在追求成功的路上

讓轉念成為照亮自己的光

人生是沒有標準答案的選擇題

你自己的生活只能自己去選擇，
與其活在社會制定的標準中，活在別人的眼光裡，
不如痛痛快快地做自己。
因爲，只有我們自己才能讓自己過上想要的生活。
努力去嘗試自己想做的事，無論承受怎樣的壓力和誤解，
都不能忘記這世上最大的成功，
就是用自己最擅長的方式，認眞地過好每一天。

人生最困難的不是努力、不是奮鬥，而是做出正確的抉擇

別放棄，一步一步走下去，別讓機會從眼前溜走。
當你能夠忘記你的過去，看重你的現在，樂觀你的未來時，
你就站在了生活的最高處。
當你明白成功不會顯赫你，失敗不會擊垮你，平淡不會淹沒你時，
你就站在了生命的最高處。
當你修煉到足以包容生活的不快，專注於自身的責任而不是利益時，
你就站在了精神的最高處。

你如何選擇，命運就如何發生

命，是失敗者的藉口。
運，是成功者的謙詞。
失敗者說命不好，心裡卻後悔，當初沒盡力。
成功者說是命好，心裡卻清楚，付出的代價。
命運，不是什麼神祕的力量，而是自我的花，開出的果。
你如何選擇，命運就如何發生。
想要知道費了多少心，只需看樹上掛了多少果實。
人生，越努力，越幸運！

人生似如路，一路有艱辛，一路有風景

你的人生境界，你的目光所及，總是看到比自己優秀的人，說明你正在走上坡路；總是看到不如自己的人，說明你正在走下坡路。

與其埋怨，還不如思變。

被窩很舒服，起床很困難，那就放下手機早點睡。

書堆得多，不知看哪本，那就拿起最經典的看。

說走就走的旅行，方向下不了決心，那就先欣賞身邊美景。

如果不會開始，永遠不會抵達。

人生不設限，推自己一把，沒有到不了的明天。

有條路，需要自己去尋，需要自己去走

在這條路上，
有人曾爲創業而迷茫困惑，有人曾爲金錢而備受折磨，
有人曾爲生活擺攤賣水果，有人曾爲謀工作奮力拼搏。
只要自己堅持不懈地去尋找，
就一定能尋到脫離痛苦和貧窮的路。
只要自己艱苦奮鬥地踏步走，
就一定能走到通向光明和成功之路的盡頭。

不怕路長，只怕心老

人生雖有無限可能，卻經不起肆意揮霍。

下錯了注，就可能翻不了局。犯下了錯，就可能回不了頭。

我們努力都未必能獲得成功，何況不努力呢。

每一個優秀的人，都不是與生俱來帶著光環的，

也不一定是比別人幸運。

他們只是在任何一件小事上，都對自己有所要求，

不因舒適而散漫放縱，不因辛苦而放棄追求。

那一錘一鑿的自我敲打，終究能讓我們收穫一個更好的自己。

只有邁出腳下那一步，人生纔會與衆不同

有一種底氣，叫做你能行！
有一種豪氣，叫做你可以！
有一種霸氣，叫做你最棒！
不要總是瞻前顧後，想做的事，就大膽地做。
只有邁出腳下那一步，人生纔會與衆不同。

內在的厚度，決定人生的高度

豐富的精神世界與眞才實學，
纔是一個人眞正的底氣與王牌，
它能支撐人獨自走過風雨。
只有當你內在越豐富，對外界瞭解越多，
人生路上才能走得更加從容。
只有當你內心豐富時，在困難與挫折面前，
才能變得更有韌性。

生活的理念，造就了命運的狀態

人生不需要累累糾結，
在很多情況下，我們常常習慣了去爭第一，卻忽略了過程的重要性。
一味地和自己較勁，尋求一個好的結果，
倒不如在做事的過程中，享受事情本身的樂趣。
一個令我們滿意的結果，也許只是隨之而來的副產品。
懷一腔平靜，換歲月一回荷塘月色。
願你生活依然充滿熱情，
活的漂亮、愛的純良、不爭不搶，歲月自有打賞。

能登上金字塔尖的生物只有兩種，鷹和蝸牛

爲什麼鷹可以？因爲牠天賦好，搏擊長空。
爲什麼蝸牛可以？因爲牠自知普通平凡，卻堅持一步一個腳印，永不放棄。
所以，要麼有實力，一步到位，要麼有毅力，腳踏實地。
人生就像一個儲蓄罐，
你投入的每一分努力，都會在未來的某一天回饋於你。
而你所要做的，就是每天多努力一點點。
請相信，別人擁有的不必羨慕，只要努力，時間都會給你。

逆風適合飛翔，諫言是行動的力量

人的一生，過得好是精彩，過得不好是經歷。
輸也罷、贏也罷，又何必在意別人的看法。
看準你的路、堅定你的心走下去，功成名就的時候，
你會發現，過去你遭受的反對、議論或嘲笑，這一切都屬於正常的！
不要因爲這些聲音，而放棄你的追求。
正因爲有了這些聲音，才讓你變的更加強大！

努力有時不會那麼輕易地給予你回報

在一切變好之前，
總要經歷一段辛苦又迷茫的時光，
這段時間或許很長，
又或許就在你一覺醒來之後，事情就會柳暗花明。
所以請耐心些，相信你的努力總會有回報，
再堅持久一點，給好運一點時間，
你想要的未來終將到來。

想得太多，做得太少

很多時候，你總在抱怨事情做起來很難，想法不切實際，
總是認爲自己能力不夠，卻從來沒有提升自己。
其實，我們眞正的問題在於總是想得太多，做得太少。
人生並不是一個成王敗寇的戰場，而是奮鬥者的舞臺。
生命中應該有一種意義不在於追求什麼，
而在於你是不是永遠在追求的路上。

當你處在低谷時，無論往哪個方向都是向上的

生命中最偉大的光輝，不在於永不墜落，
而是墜落後總能再度升起。
如果你正處在人生低谷，
那麼與其選擇深陷其中，自暴自棄，
不如學會沉著應對，踩過它努力向前。
因爲當你處在低谷的時候，無論往哪個方向都是向上的。

怎麼過一天，就怎麼過一生

你每天早上都清楚地知道，今天要做完哪些事嗎？

先做哪件、後做哪件？每件事大概要花多長時間？

一個懂得時間規劃的人，他可以準確地說出，接下來每個時段他要幹嘛。

每天早上花10分鐘列個清單吧，

學會把你要做的所有事情排序列出優先順序，以便於你分清輕重緩急。

很多人都說自己焦慮，然而他們眞的把大把的時間拿去焦慮了。

其實管理好你的時間，確保你學到了新的東西，確保你每天都有進步，

這種能量積累下來是很可觀的。

人生，就是一場自己與自己的較量

改變一種行爲不要拖到明天，否則它會變成你的習慣。
拒絕一份誘惑不要拖到明天，否則它會造成你的傷害。
抓住一次機會不要拖到明天，否則失去了就不會再來。
不要讓今天的行動拖到明天，否則它無法帶來精彩。
不要把今天的幸福拖到明天，否則它將一去不復返。
人生，就是一場自己與自己的較量，
努力付出就會遇見更好的自己。

機會總給準備好的人

人生如旅程，只有走過一程又一程，纔會讓生命更完整。
那些偷偷溜走的時光，催老了我們的容顏，卻豐盈了我們的人生。
許多時候，自己可能以爲看過的書籍，都成了過眼雲煙不復記憶，
其實它們仍潛在，在氣質裡、在談吐裡、在胸懷裡，
爲了遇見更好的自己。
無論求學的你或工作的你，別忘多讀書、多鍛鍊！

抓住你人生的財富

平臺再好，你不參與，也成就不了你的夢想。
舞臺再大，你不表演，也不會是你的主角。
讓更多的人認識你、瞭解你，你的人生將變得不一樣。
沒有人會直接給你榮華富貴，只有送你機會和平臺。
現在這個時代什麼都不缺，缺的只有像鷹一樣的眼光，
像狼一樣的精神，像熊一樣的膽量，像豹一樣的速度。
平臺、商機、機遇，抓住就是你人生的財富。

那些站著生活的人，誰知道背後他跪了多少次

在你實現夢想之前，
需要做很多自己不喜歡的事，需要走一些彎路，
才能知道自己愛的是什麼。
那些站著生活的人，誰知道背後他跪過了多少次。
迂迴的成功不可恥，但只要你還不忘當年的夢想，
不讓世界改變你，不變成自己討厭的樣子，你的堅持就沒錯。

精彩的人生都是堅強和堅持換來的

面對生活，每個人都很不易。
太陽升起，就要拼力爭取，深夜無眠，還要想著明天怎麼繼續。
肩上的責任，是生存的難題，心中的壓抑，又是不能說的委屈。
風雨以後，彩虹是倔強的美麗。
脆弱過後，堅強是唯一的選擇。
做人不易，卻又不能放棄。
生活不易，更需要堅持的勇氣。

成功源於相信

你相信什麼，就會吸引到什麼，這叫心想事成。
你懷疑什麼，什麼就會與你擦肩而過，這叫不信則無。
你抱怨什麼，什麼事就在你身上發生，這叫怕什麼來什麼。
面對機會和挑戰，你相信你能與不能都是對的，
不一樣的意識決定不一樣的結果。
在這個世界上，我們唯一需要突破的，就是自己內心的障礙。
所有目標的實現，都是潛意識的推動，
所有成功都是來自於相信自己可以成功！

無論如何都不要放棄自己

每個人都是最優秀的，我們要相信自己，
無論如何都不要放棄自己，更不要把自己沉淪在失敗的邊緣。
只要讓自己開始做一些小小的改變，
那麼我們的人生就會開始與眾不同。
當改變自己時，一切都會改變。
人生在世，無論是做人、還是做事，
只要不斷的進步，提高自己的修養，認清自己的位置與價值，
就一定能到達自己人生的最高的境界。

相信是一種信仰，更是一種力量

只要相信自己能夠做到，
那就一定可以做到！
如果你相信命，那麼一切的偶然都是註定。
如果你不相信命，那麼一切的註定都是偶然。
人生得意時，記得看淡。
人生失意時，記得隨緣。
任春去秋來，花開花落。
學一種灑脫，學一種恬淡，

看人間冷暖，賞天高雲淡。
如果想獲得成功，得到自己想要的人生，
永遠只有一個力量——相信。
相信就是成功的開始，
任何成功的結果，都源於積極的行動！
只要相信，
必將可以讓你得到心中所想的一切！

誰也不會隨便成功，不經歷風雨又怎麼能見到彩虹

時鐘一圈圈的走，
日子一天天的過。
生活就像是一條湍流的河，
如果你不想被河水淹沒，
就必須挺起胸膛，奮力拼搏。
人生沒有不勞而獲，必須勤奮努力，
用辛勤的汗水澆灌，才能獲得豐碩的成果。
誰也不會隨隨便便成功，

不經歷風雨，又怎麼能見到彩虹，
怎麼能欣賞到滿園春色。
哪怕再高的山也要攀登，
哪怕再大的浪也要勇敢拼搏。
人生苦短，道路漫長，
只要心中懷揣一團火，只要心存陽光，你就會收穫更多！
你的美好生活，就會紅紅火火。

上天不會無緣無故
做出莫名其妙的決定

它讓你放棄和等待，是爲了給你最好的。
不論走到生命哪個階段，都該接納和完成使命，順生而行。
不沉迷過去，不狂熱未來。
生命這樣就好，不管經歷著怎樣的掙扎與挑戰，只有一個選擇。
雖然痛苦，依然快樂，相信未來。
山有峰頂，海有彼岸。漫漫長路，終有迴轉。

想要破繭成蝶，必須付出百倍的努力

當你越來越有魅力時，自然有人關注你。
當你越來越有能力時，自然會有人看的起你。
改變自己，你才有自信夢想，才會慢慢的實現。
做最好的自己，想要破繭成蝶，必須付出百倍的努力。
懶可以毀掉一個人，勤可以激發一個人！
不要等夕陽西下的時候，才對自己說「想當初」、「如果」之類的話！
不爲別人，只爲做一個連自己都佩服的人。
你的價值，不會因爲別人的不欣賞而打折扣！

拿出膽量、魄力和實力

你遇到過很多聰明人，你的大學同學、同事、朋友有幾個比你傻？
很多年以後，你會看到成功的並不是最聰明的人。
因爲決定成功的，更多是非智力因素：
明確的目標、積極的心態、努力和堅持，
承受挫折和壓力的能力，成熟的待人接物。
有一種人註定沒戲：不努力和怨天尤人。
很多時候，話說出去容易，真做起來總比想像中的要難幾分，
想從別人那裡分一杯羹甚或搶肉吃，就要拿出膽量魄力和眞實的能力！

走在路上，低潮是必然的

孤獨與寂寞是如影隨形的。
總有被人誤解的時候，總有寄人籬下的時候，
總有遭人誹謗與暗算的時候。
這些時候，要知道潮漲潮落、波谷波峰的道理，
只要你能夠耐心等待，受得了折磨，守得住底線，
一切都會證明，生活不會拋棄你，命運不會捨棄你。

苦難是人生的梯，助你走出沼澤和谷底

走得順時，不急著張狂，
就算你爬到了坡頂，終究還要走下坡路。
走得快時，無須太得意，你的腳力總是有限的，
不如放慢腳步，把短暫的路走得精彩些。
走得累時，莫要哀嘆，
經受了人生的累，才知道堅強與珍惜。
走得苦時，切勿悲愴，
苦難是人生的梯，助你走出沼澤和谷底。

困境不可怕，可怕的是失去自信、失去鬥志

很多時候，我們身邊的環境並不如我們所願。需要改變的不是身邊的環境，只是我們的心態。在困境中，更需要學會欣賞自己、相信自己、肯定自己、鼓勵自己。這樣你就會發現，你的生命將煥發新的生機。生活原本如此美好，天空原本如此晴朗。每一個人都與眾不同，有著自己獨特的美麗。讓生命的每一天，都做一個全新的自己，一個敢於挑戰的自己，一個生命飛揚的自己。

盲目堅持不如理智放棄，適時放棄也是一種智慧

愚人向遠方尋找快樂，智者在自身尋找快樂。
覺得爲時已晚的時候，恰恰是最早的時候。
目堅持不如理智放棄，適時放棄也是一種智慧。
不是因爲遙遠而放棄，而是因爲放棄而遙遠。
無事時，埋沒了許多君子。
有事時，識破了許多小人。
把脾氣拿出來，那叫本能。
把脾氣壓回去，那叫本事。

把彎路走直的人是聰明的，他找到捷徑。
把直路走彎的人是豁達的，他多看了幾道風景。
人生就像開飛機，飛多高不是關鍵，
關鍵是落地一定要平穩。

經歷付出了代價，也錘鍊了成長

坎坎坷坷的人生路，永不停歇的是腳步。
風風雨雨的是人生，不說放棄的是心靈。
因爲肩上有責任，所以無怨無悔在拼搏。
因爲心中有嚮往，所以一直不停在追尋。
既然來到世界上，就要努力活出樣。
時間改變著一切，一切改變著我們。
失敗產生過痛苦，也鑄造了堅強。
送給爲了事業而努力打拼的人。

人生最重要的不是所站的位置，而是所朝的方向

同在一條路上，只要比別人走得更久，
就能夠走出別人沒有的距離。
只要比別人走得更遠，就能看到別人沒看到的風景。
我們來自何處並不重要，重要的是我們要去往何方。
人生最重要的，不是所站的位置，而是所朝的方向。
只要不失去方向，就永遠不會失去自己！
人人都喜歡的事不一定對，對的事不一定人人都喜歡。
眼睛看當下，眼光看未來。

有錢的人不一定值錢，但值錢的人早晚會有錢

人一輩子活著有兩個追求，一個是有錢，一個是值錢。
有錢的人不一定值錢，但值錢的人早晚會有錢。
一個人不斷學習，不斷努力的過程，
就是讓自己，不斷值錢的過程！
值錢之前，是你求別人。
值錢之後，是別人求你。
學習讓自己值錢，學習讓自己升值，學習讓自己成長和蛻變！
做一個有價值且被利用的人。

成功不是屬於跑最快的人，而是不斷在跑的人

一個人的心態，會支撐你一路的發展。
一個人的眼界，會決定選擇的方向。
一個人的格局，會意味著你成就多大的規模。
一個人的毅力，會支持你能夠走多遠。
一個人的用心，會註定你做出多好的成效！
成功不是屬於跑最快的人，而是不斷在跑的人。

生活是一種博取，努力才能確定自己的位置

心若強大又何懼路艱，
心無風雨又何盼他人執傘。
精心打造自己，勝過所有的抱怨。
生活也是一種休閒，明確生存的意義，才能走向簡單。
時光一去不再回，珍重活著的每一個日子。

培養正能量與積極的氣場

一個人的觀念、信仰、呼吸、睡眠、生活環境、飲食作息等等，都會影響他的氣場。

這些氣場慢慢會形成氣質，並影響運氣和命運。

你想什麼，你相信什麼，你就有什麼樣的氣場，這也就是吸引力法則。

愛別人，別人才能愛你！

幫助別人，才能得到別人的幫助！

培養正能量與積極的氣場，從而改變提升自己，利益他人。

你接近什麼樣的人，就會走什麼樣的路

窮人會教你如何節衣縮食，小人會教你如何坑蒙拐騙，
牌友只會催你打牌，酒友只會催你乾杯，
而成功的人只會教你如何取得成功。
人生最大的運氣，不是撿錢，也不是中獎，
而是有人可以鼓勵你、指引你，
幫助你發現更好的自己，走向更高的平臺。
其實限制你發展的，往往不是智商和學歷，
而是你所處的生活圈，圈子決定你的人生。

和什麼樣的人在一起，你就會有什麼樣的人生

一個人品位的高低，往往是由他身邊的朋友決定。
和什麼樣的人在一起，你就會有什麼樣的人生。
和勤奮的人在一起，你就不會懶惰。
和積極的人在一起，你就不會消沉。
如果你身邊盡是消極頹廢、目光短淺的人，
他們就會在不知不覺中偷走你的夢想，
使你越來越頹廢，越來越平庸。

任何的機會都是從相信人開始的

天地雖大，不潤無根之草，趨勢再好，不遇無緣之人。
人生需要好人緣，感謝所有信任和支持過我的朋友，
在我人生的每一個階段不離不棄。
人與人之間最大的吸引力，不是容顏、不是財富、也不是才華，
而是傳遞給對方的信賴和踏實、眞誠和善良，一種正的能量。
人生並不全是競爭和利益，更多的是相互成就，彼此溫暖。
一個人的成功，更離不開志同道合陌生人的相助，
生命中的貴人，不一定是最好的朋友，而是具有正能量陽光的人。

一個善意的指引，就可能改寫了人生的軌跡

一個人的成功，離不開志同道合的人相助。

生命中的貴人，不一定是最好的朋友，

也許就是一個陌生人，但一定是具有正能量陽光的人。

他也許只給你一個全新的信息，一個善意的指引，

就可能改寫了人生的軌跡。

對上以敬，對下以慈，對人以和，對事以眞，才能厚德載物。

做自己生命的主角，而不是做別人的配角

不要拿你的人生和別人做比較，
因爲你根本不知道他們人生的全部。
幸福如人飲水，冷暖自知。
你不是我，怎知我走過的路、心中的樂與苦。
世界會朝向那些有目標和遠見的人讓路。
生活只有兩種選擇，重新出發，做自己生命的主角；
或是停留在原地，做別人的配角。
找不到理由繼續的時候，就找個理由重新來過吧！

不必指望別人，我們纔是自己的貴人

人生如一粒塵埃，表面是自己做主宰，
實際上卻被天地、人道主宰著。
要想活得快樂，要學會清醒地做事，糊塗地做人。
不必指望別人，我們纔是自己的貴人。
接受生活中不時出現的艱辛或是挫折，
不必怨天尤人，也不需等待他人施以援手。
挖掘自己的力量，一步步跨過去，
我們會離想要的東西越來越近，也會發現一個更好的自己。

誰不想要一路開掛的人生，然而世界上沒有捷徑可尋

誰都嚮往舒適安逸的生活，
又有多少人願意承受背後的付出？
老話說得好，做吃，做吃，不想做哪來的吃？
想好吃懶做只有餓肚子。
誰不想要一路開掛的人生，然而世界上沒有捷徑可尋。
不是生活太殘酷，是你還沒學會成長。
要想從容應對生活，實現自己的夢想，就不要懼憚付出。

成功的路上沒有人會叫你起床，也沒有人爲你買單

如果你不花時間去創造想要的生活，
你將被迫花很多時間去應付不想要的生活。
成功的路上沒有人會叫你起床，也沒有人爲你買單。
你需要自我管理，逼自己一把，自我約束，自我突破。
安於現狀，你將逐步被淘汰。
人的潛能無限，你將創造奇蹟，千萬不要對自己說不可能。
樹的方向，風決定。人的方向，自己決定。

你的未來，取決於你的現在

人生，就像騎自行車，方向掌握在自己手裡，
用力蹬才能前進，沒用力還在前進，那是騎下坡路。
一路上不管順風還是逆風，全憑自己掌握。
你的未來，取決於你的現在，
有多少汗水、多少努力、多少付出，
就有多少收穫！

做好每天的事情，不要給自己懈怠拖延的理由

明日復明日，明日何其多。
我生待明日，萬事成蹉跎。
人生就是一個馬拉松，
每一個到達終點的人，都是從第一步開始。
珍惜當下，做好每一件事情，
並且在自己的能力範圍內，儘量做到極致和卓越。
養成這樣的習慣，將會對你終生受益！

生命有限，不要把它浪費在重覆別人的生活上

不要被任何說教羈絆，否則你將被籠罩在他人思考的陰影之下。
不要讓他人觀點的雜音，淹沒你心靈深處的渴望。
最重要的是，要有膽量跟隨你的心靈和直覺。
你的靈魂其實都知道你最想成爲什麼，其他一切無關緊要。
曇花一現，蜉蝣一生，
芳華只在一霎那間綻放，握住了便是一生一世，只爲你一人而開。

人活一輩子，要勇於擔當！

無論遇到什麼事，不管活成什麼樣，都不要把困難和責任推給別人。
所有的喜怒哀樂，該擔當的要擔當，該分享的要分享。
把最好的給予別人，就會從別人那裡獲得最好的。
你幫助的人越多，得到的也就越多。
多點真誠，少點虛榮，路才更寬更廣。
多點淡然，少點計較，人才活得真實舒暢！
世上沒有走不通的路，只有想不通的人！
原本不通的路，一但走通了，你將會領略到無限的風光，
將會品嚐到舒心的甜蜜，將會收穫到意外的驚喜！

每個人，都是生命舞臺上的主角

爲了成功必須付出汗水和辛勞，
即使迎不來掌聲與歡叫，
也要找一個理由將自己擁抱。
每個人，都是生命舞臺上的主角，
劇情難免有高潮與低潮，
即使演砸了被四周嘲笑，
只要盡力了就可以爲自己自豪。

人生，就要活得漂亮，走得鏗鏘

自己不奮鬥，終歸是擺設。
無論你是誰，寧可做拼搏的失敗者，
也不要做安於現狀的平凡人。
造船的目的不是停在港灣，而是迎風破浪。
做人的目的不是窩在家裏，而是打造夢想。
知行合一，全心全力。
不看昨天誰是你，只看今天你是誰。
不談以前的艱難，只論現在的堅持。
人生就像舞臺，不到謝幕，永遠不要認輸！

駑馬十駕，滴水穿石

事業就像挖井，不要東挖挖，西挖挖，結果哪都不出水！
寧願十年挖一口井，也不要一年挖十個坑。
唯有持之以恆，纔會成功。
心在哪裡，收穫就在哪裡。
成功不是一夜暴富，成功靠的是日積月累、點點滴滴堅持的我們。
努力到無能爲力，拼搏到感動自己！
駑馬十駕，滴水穿石。

成功的祕訣就是——
努力！堅持！付出！

當你一開口就在講困難，成長已經遠離你。
當你一付出就在想回報，機會已經遠離你。
當你一做事就在想個人利益，收穫已經遠離你。
當你一有起色就在想談條件，未來已經遠離你。
當你一合作就在想自己如何不吃虧，
事業已經遠離你。

唯有健康和平安，纔是最成功的人生

在不同人生路上，
不知有多少人爲財而死，
不知有多少官因權而亡，
那都是因爲他們沒有把健康和平安，
作爲人生的最寶貴的財富，
和最難得的幸福。
因爲唯有健康和平安，纔是最成功的人生。
凡事皆有極困難之時，打得通的便是勇者。

凡事皆有極複雜之時，拆得開的便是智者。
凡事皆有極關鍵之時，抓得住的便是明者。
凡事皆有極矛盾之時，看得透的便是悟者。
凡事皆有極重大之時，沉得住的便是靜者。
凡事皆有極寂寞之時，耐得住的便是逸者。

守住自己的底線，也就守住了自己的人生

做人，有了規矩，纔有了方圓。
有了尺度，纔有了界限，有了底線，纔有了尊嚴。
再苦再累，也不能墮落，再難再遠，也不能後退。
不打不拼，怎能賺財富，吃苦受累，纔能有幸福。
走，就走正確的路。說，就說眞實的話。
掙，就掙乾淨的錢。做，就做淸白的人。
不服輸、不認輸、不怕苦、不低迷、不氣餒、不放棄做人，
守住自己的底線，也就守住了自己的人生。

人生的大舞臺，希望你我的故事都是傳奇！

當你成功了，你的故事就是傳奇。
當你失敗了，你的故事就是笑話。
當你放棄了，你的故事只是一個案例。
當你拒絕了，你的故事只是一片空白。
當你全力以赴了，你的故事將會是一段美好回憶。
有野心，才能得到自己想要的，
如果你連想都不敢想，那麼你連輸的資格都沒有。
不要小看自己的強大，努力吧！

願你平凡卻不平庸，擁有屬於自己的精彩人生

生活賜予了我們很多平凡，
命運賜予了我們很多平淡，
可是卻阻止不了我們用平凡的生命，
去創造每一個奇蹟，
阻止不了我們在平凡的工作中，
尋求不平庸的價值。
願你平凡卻不平庸，
願你擁有屬於自己的精彩人生。

國家圖書館出版品預行編目（CIP）資料

每日一句正能量：讓轉念成為照亮自己的光 / 陳辭修著. -- 第一版. -- 臺北市 : 樂果文化, 2020.01
面 ; 公分. -- (樂分享 ; 5)
ISBN 978-957-9036-25-2(平裝)

1.成功法 2.生活指導

177.2 108022421

樂分享 5

每日一句正能量：讓轉念成為照亮自己的光

作者／陳辭修
總編輯／何南輝
責任編輯／陳佳安
行銷企劃／黃文秀
封面設計／鍾岱璇
內頁設計／上承文化

出版／樂果文化事業有限公司
讀者服務專線／（02）2795-3656
劃撥帳號／50118837 號　樂果文化事業有限公司
印刷廠／卡樂彩色製版印刷有限公司
總經銷／紅螞蟻圖書有限公司
地址／台北市內湖區舊宗路二段 121 巷 19 號（紅螞蟻資訊大樓）
電話：（02）2795-3656
傳真：（02）2795-4100

2020 年 1 月初版一刷　定價／ 330 元　ISBN 978-957-9036-25-2
2022 年 11 月　二刷 (500 本)
※ 本書如有缺頁、破損、裝訂錯誤，請寄回本公司調換